ハムダなおこ著
حمدة ناؤوكو

ようこそアラブへ

母親にだけは逆らえない、
社会は元から不平等、
試験官だってズルをする？？？
不可解で魅力的なアラブ人

أهلاً وسهلاً
بكم إلى أرض العرب

لا أستطيع قول لا لأمي
مجتمع الإنسان متفاوت
العرب شعب جذاب لكن صعب التفسير

国書刊行会

4

目次

ようこそアラブへ

砂漠の国とは思えない摩天楼とヨットハーバー

アラブ首長国連邦（UAE）地図

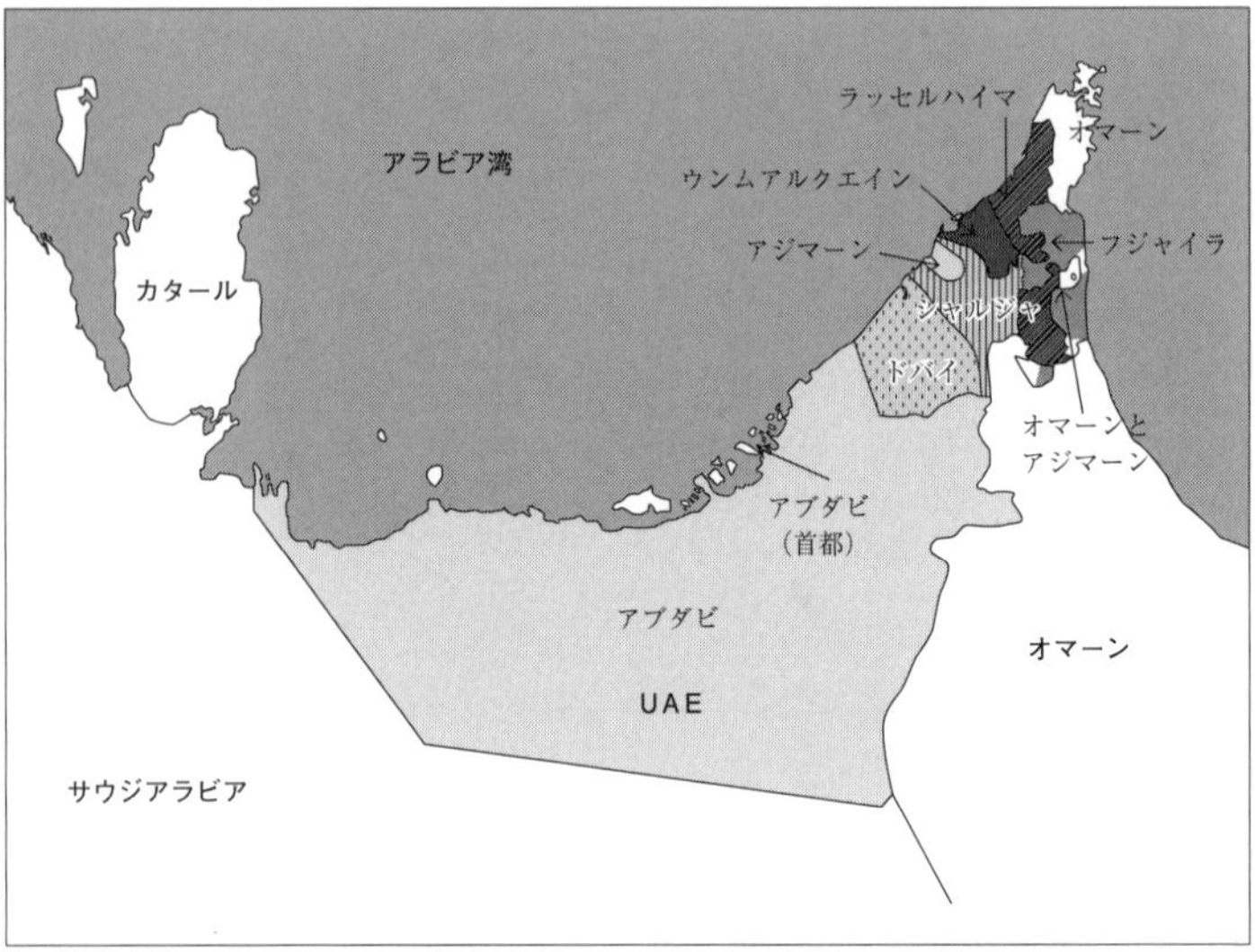

プロローグ

最近、「どちらにお住まいで」と訊かれ「UAE」と答えると、「あぁ、あの大金持ちの国ね」と言われることが多くなりました。砂漠の国、暑い中東、男性の白衣と女性の黒衣、宗教イスラーム、と思い浮かぶ前にまず「お金持ち」と形容されるなんて、UAEにとって名誉なのか不名誉なのか。

実際には、そんなことを気にして生きているUAE人は一人もいません。国の外に住む人々が、ものすごく贅沢三昧な生活をしているとUAE人を揶揄《やゆ》したり、あるいは憧れたりしても、別にそれに影響されて毎日の生活を送るわけではないからです。日本のテレビ会社や旅行代理店が、特例だけを取り上げて物珍しく宣伝したり、真偽のはっきりしない内容でも人目を惹《ひ》くならまるで日常茶飯事のように報道するせいで、そんな印象が出来上がったのでしょう。

でも実は、賢いドバイの戦略に、民衆全体が上手に乗せられたとも言えます。「そんなら一度見てみたい」という世界の人々の気持ちを煽《あお》って、ドバイはこの十数年でいっきに観光立国にのし上がりました。世界一高いビル、世界一大きなショッピングモール、月からも見える人工島、海に突如作られた世界地図、世界最高額の賞金が出る競馬、世界一トランジットが多い飛行場……。話題には事欠きません。

しかし、国に住む九百万人（うちＵＡＥ国民は約九十六万人）の大多数は、毎日を普通に生きています。庶民の中にそうそう馬主がいるわけでもないし、高層ビルに住む習慣は砂漠の民にはありません。ショッピングモールは湾岸地域すべての人が訪れるし、政府から無償で家がもらえる時代に、借金を抱えて人工島に住む選択をする人間は多くありません。ほんのわずかな人口が行うことを全体と捉えるのは危険です。

大金持ちが札束を投げるように使うなんて、誰も本気で信じるわけでもないのでしょうが、自分の常識では測れない人間への畏怖や軽蔑や憧れは、誰の中にも存在します。それが相手を知るきっかけになるなら、今まで誰にも注目されなかった側にすれば大歓迎というわけです。

しかし人間の営みは、どんな場合でも普通の日常の積み重ねです。畏怖や憧れが日常と一致するなんてことは、世界ではそうありません。たとえば、京都や奈良の歴史を観光本で一生懸命に研究した外国人が、京都に来て普通の格好で現代を生きる庶民をみて、落差に驚くのと同じです。憧れが現実であって欲しい、忍者が現代にも暗躍していて欲しい、刀を持ってエイヤーと切りかかる新撰組を見かけたい……。そんな外国人にはアハハと笑って「あんたしっかり」と励ますくらいしか出来ないでしょう。私のエッセイに登場するのは、外国人がそんなことを思っているなんて想像もしないまま、日常生活を生きているアラブの人々です。

勉強なんかそっちのけで仲間と遊び呆ける息子たちを説教し、お化粧やソーシャルメディアにのめり込む娘たちを叱り、病院なんかに行かないと駄々をこねる老人に手を焼き、砂に埋まった車のタイヤをショベルで必死に掘る人々の様子、どこの町にもいる、どの家庭にもあるような生活の一側面を、日本人の視点で描きました。

この本の中には、たしかにアラブの魔法のような出来事も書いてあります。しかし、その裏には必ず理《ことわり》があり、必然がありました。厳しい自然に則した人間の生きる知恵だったり、家族性を重んじる部族の習慣やイスラームの教義が反映されていたり、新興国ならではの国民を鼓舞する国策だったり、UAEのような外国人が過半数を占める国の苦渋の選択だったり――。後からその裏を知り、なるほどと深く納得したことは、私自身にも数限りなくあります。それらを単に、異国の異人がやっている意味不明な行動と捉えるか、理を含んだ深い意味のある行動と納得するかは、その人の自由ですし、その人自身の人生の楽しみ方です。そして私は読者の皆さんに、純粋に、アラブ人の行動様式や考え方を知り、楽しんで欲しいと思っています。

世界人口の四分の一となったムスリムについて、石油収入をバックに新興国として伸びてきた中東湾岸地域について、その行動様式を知るのは、これからますますグローバル化していく世界で必要なことです。そして世界を知ることは、まわりまわって自分が日本人としてどう生きているかを世界の人に知ってもらうのと同じです。

世界大戦を生き抜いた日本人、猛烈な経済成長を導いた日本人、何世紀もアジアを率いてきた日本人、大地震から何度も立ち直ってきた日本人の姿や生き様を知ってほしいと願う人は、きっと大勢いるでしょう。中東にも同じように、贅沢三昧ではない、あるいは過激な報道でみる危険思想集団とはまったく違う、日常を真摯に自然に生きる自分たちを知ってほしいと考える大勢の人が住んでいます。世界からみれば本当に僅かな数のテロ集団が、世界に十五億人いるムスリムとは違う存在であることくらい、日本人にもわかる時代を迎えています。

読者の皆さんが、このエッセイに出てくるアラブの理や習慣を一度ですんなり理解するわけではないかもしれません。でも、それらを頭の隅に置いておき、ある日ふと立ち止まって考えを巡らせ、「アラブ人って不思議でおもしろいね」とクスリと笑ってくださることがあるなら、それこそ、この本を書いた作者冥利に尽きるというものです。

本文中の用語を原音に近づけるため、「イスラム」⇒イスラーム、「コーラン」⇒クルアーン、「モハメット」⇒ムハンマド、「メッカ」⇒マッカ、と表記しました。注記は＊で示しています。

第一章

湾岸アラブ（UAE）の人々

車社会がどれほど発達しても、ラクダは重要な運搬手段

眼力

砂嵐も雨も霧も常に予測できなければ、家長は部族を率いることはできない

旅人の歓待

私がUAEに二十年住んで、この国と国民から一番習いたいことを挙げるとしたら、「人を見る眼」と「寛容さ」でしょうか。双方はまったく違った資質のようで、実は深く関わっています。

UAE人は眼力が非常に優れていて、他人がどのような形で近づいてきても、その心の裏と表を見抜く力があります。遊牧民の国ではイスラームの教えとあいまって、自分の部落にやってきた見知らぬ人に、最初は無条件に親切にすることが美徳です。最初の三日間は、たとえ敵であろうと何も訊かずに歓待し、旅の疲れを癒してもらうのが先決。* 交渉や取引があるとしたら、それは四日目から始まります。ただし、どんなアラブ民話を読んでもわかるように、歓待している最中も心を許していわけではありません。アリババと盗賊の話でも、アラジンでもシンドバッドでも、歓待される客人を装って恐ろしい殺人者が出てくるのは当たり前。外部の人間を簡単に信用するようでは、一族を破滅に導いてしまいます。何世紀ものあいだ厳しい気候条件の中を部族が一丸となって生きるうちに、自然に人を見る眼が鍛えられたのでしょう。礼儀正しい表面的な付き合いとは離れて、人間を見る眼は非常に怜悧《れいり》です。

私は常々、眼力が優れていることは素晴らしいと思っています。それは、外装にとらわれず人間の本質を見抜こうとする姿勢だからです。身分や出自の違いは問わないかといえば、アラブですからもちろん問います。湾岸アラブ人にとって、どの国のどの部族のどのファミリーに属する人間かは、信頼を築く上での重要な核となります。UAE人であれば、小さな子どもたちだって、初対面には必ずお父さんの名前、お祖父さん、叔父さんの名前などを訊かれます。外国人であれば国籍（アラブ圏ならばさらに部族名）がそれに相当します。加えて、成人ならば本人の職業、技能、趣味（職業以外の活動）なども重要な要素として捉えられます。その上で、本人の資質を見極めようとします。

* 水や草木のない砂漠を渡ってくる旅人は瀕死の状態にある場合が多い。人を死ぬに任せる状態に放っておくことはイスラームの教えに反する。

挨拶の文化

資質を見極めるとき、重要な役割を果たすのは「挨拶」です。一般に汎アラブ・イスラーム国の人々は、挨拶を非常に大事にします。それは「挨拶をきちんと行うこと」と、クルアーンに明記されているからです。

かつて日本人も随分と丁寧な挨拶をする民族でしたが、最近はそうした習慣が少なくなってしまいました。日本だけでなく欧米をはじめとする先進国一般では、産業革命から続く時間と効率の重要性のおかげで、のんびりと挨拶する習慣など脇に追いやられてしまいました。

けれども産業革命も宗教革命も経なかったイスラーム圏では、現代に至っても、挨拶は大事な礼儀作法のまま活きています。会ったすぐから本題を話すことは無粋とされ、誰もが仰々しく長々しい挨拶のうちに、相手の印象をつかんでいきます。成長した人間としてきちんと挨拶を交わすかどうかは、その人の資質を最もよく表わすことなのです。

挨拶も日本の一般的なものとは少し違います。まず「あなたに平安あれ」という決まり文句があって、初対面の場合は自己紹介、家族構成の紹介まであります。お互いの家族の安否を尋ね、故郷にいる父母の安否も尋ね、それから最近の生活はどうですか、子どもの学校はどうですか、商売の按配《あんばい》はどうですかなど、これでもかというほど相手の様子を訊きます。自分の家族を知りもしない異国人から家族の安否を訊かれることは、日本人には奇異に感じられるでしょう。でもそれがアラブの流儀です。「日本にいる母はこうです、父はああです。ありがとう」と返答できれば上出来です。

アラブ人であれば、たとえ本当は病気でも「患っています」とか「寝込んでいます」とは答えません。「アルハムドゥリッラー（神のご加護のおかげで）」と答え、どんな状況でもそれは神の意思である、自分はそれに従うだけ、という姿勢を表現します。

挨拶がひと通り終わると、やっと本題に入ります。夫は市役所に行くと、あまりに多くの人と挨拶しなければならないので、五分で済む用事でも一時間かかると嘆いています。ウンムアルクエインのような小さな町では、政務局や役所、商工会議所、警察署には知り合いが大勢います。その一人ひとりと挨拶するので、大幅に時間をとられてしまうのです。急いでいるからといって挨拶をおろそかにすると、その人の印象はがっくり落ちてしまいます。

人間同士のつきあい

挨拶の中味をきいてもわかるように、この地域の人々は「人間的なつきあい」を非常に大事にします。仕事の能力さえあればいいという考えは根付いていません。人間は機械や商品ではないから、物々交換（仕事の完遂と金の交換）の関係とはちがう、あくまでも信頼がベースになければ何事も進まないと考えます。多くの場合、個人同士の信用が築かれれば、以後はどんな場所でも、どの生業でも、ついでに言えば親子二代に渡っても、それは強固な関係として残る場合が多いのです。

ときおり出会う日本人ビジネスマンで一番がっくりくるのが、アラブ圏にいながら「アラブ人との信頼」を信じていない人です。もう十年近く前、こんなことがありました。

夫は短い間ですが、日本の大きな商社と取引のある食品会社に勤めていました。そこに一年だけ勤務して、その後経済省に引き抜かれ、シニア・アドバイザーとして政府系工場を民営化する仕事に携わりました。そうした工場は、政府系にありがちな長いこと利益よりも損失が多い状態で、全面的に改善したあと民間に売り出される計画になっていました。

その一つに製鉄工場がありました。夫はその工場に投資された機械や設備をチェックし、経営状態を研究して、売るよりも改善した方がずっと利益を計上できると予測し、経営改革に乗り出しました。丸二年かけて製造工程から大改革し、勤務体系の改善、機械の改造まで行って、三年目にしてやっと経済省の歴史に残るほどの大きな黒字を計上した矢先でした。鉄の原料を八カ月前に入札するシステムに変えて、一番大きな入札を控えていたときのことです。

以前の取引相手であった日本商社の名前を挙げて、夫は私にこう言いました。

「鉄鋼の大きな入札があるから、所長さんに声をかけてごらん」

その所長は、事務所を移転するとき日本語の本を私に分けてくれたので、面識があります。

「鉄鋼を扱っている他の商社もあるけれど」と言うと、

「いいんだ。以前取引していたから、最初にその人に情報をあげるんだ」と夫は言いました。

日本では、仕事に関わらない夫人が夫の会社の取引相手に電話して商売の話をすることは、まずありません。気が進みませんでしたが、夫に言われるまま、時候の挨拶もかねて会社にお電話しました。たぶん、夫が直接電話をして入札を促す立場にはなかったからでしょう。所長さんに奥様がいれば、夫人同士の会話として私も気楽だったのですが、奥様は日本に在住していました。

すでに長いことUAEにお勤めの所長さんは、時候の挨拶のあと、入札の話になると声が変わりました。

「何の話かと思ったら。ご主人に言っといてください。二年も音沙汰がなくて、いきなり鉄鋼の原料が欲しいなんて。まったく失礼というか何というか。あなた、そんなことはビジネスでは通用しないんですよ！」

大きな入札のチャンスがあるとだけ伝えるよう夫に言われたので、私はそのように伝えたつもりでしたが、反対に怒られてしまいました。その人は、夫が食品会社を離れて別の仕事に就いたことを知りませんでした。夫の退職後、食品会社との取引が急に途絶えたことを問題にして、文句を言わなければ気が済まなかったのでしょう。* 所長さんにとって、夫は単なる取引相手でしかなく、個人同士で信頼関係を築いたわけではなかったのです。

＊ 日本と違ってアラブ圏では、会社同士の信用よりも話を継いだ仲介者の信用の方が強い場合は、商売はすべて仲介者と共に推移する。

反対に、夫は以前の取引で互いに信用があるからこそ、商売の大きなチャンスを誰より先に伝えたつもりだったのに、自分の妻をなじられ不愉快な思いをすることになりました。

「日本男性は女性に対して、まったく違う概念を持っているのよ。人の奥さんだって非難するのは平気なの。*日本には夫人外交なんてないし、間接的な情報の伝達をありがたがる人たちじゃないから、これからは絶対に私を間に挟まないで」と夫に頼みました。

日本のビジネス流儀にすれば、仕事に携わらない夫人がそんな大きなチャンスを電話で伝えてくること自体、理解の範疇からはずれて不快なのかもしれません。極東アジア一般の傾向とも言えますが、年下の女性に公然と文句を言うのが平気な男性が、日本にはまだたくさんいます。

マイノリティ

UAEに長いこと駐在する日本人でも、実際には、UAE人と接触する機会はなかなかありません。UAEに住んでUAE国民に出会わないという不思議は、人口に対して自国民の割合が高い国では、まったく理解しがたいでしょう。でもここではそれが現実です。

人口におけるUAEナショナルの割合は年々下がり、一九九〇年に私が来たときは二十五パーセントだったのに、二〇一〇年の統計では十三パーセントに落ちこみました。つまりUAEは人口のたった一割強が自国民で、あとの九割は外国人で占められているのです。

一九九〇年当時、UAE国民の人口増加率は四・五パーセント以上あり、少子化が問題とされる日本に比べびっくりするような高率でした。その高率をもってしても国民の割合が下がる理由は、外国人労働者の流入ペースの方が遥かに速かったからです。

人口の一割を形成するＵＡＥ国民は、外国人とは住む場所も生活様式も違うだけでなく、職場も離れています。石油収入を財源とする各省庁や政府系企業は、給与が高く休暇も多いので、大卒者の就職希望先となっています。しかし、私企業や外国企業がそんな高給を払ったら採算がとれないため、ＵＡＥ人はあまり採用されません。邦人企業であれば、石油会社を除けばＵＡＥ人の勤務者はまずいないでしょう。ＵＡＥに進出する外国企業のほとんどが、雇用者はすべて外国人（ＵＡＥ以外の人間）という状況が当たり前です。

加えて、ＵＡＥの法律では、フリーゾーン以外の場所で外国人が起業する場合、ＵＡＥ国民をスポンサー（五十一パーセント以上の筆頭株主）として登録しなければなりません。その延長で、ＵＡＥ人を友人というよりは会社のスポンサーとして見ることに、誰もが慣れてしまいました。

中東という地域柄か、邦人駐在員は家族を日本に置いてくる人がほとんどです。女性を含めた家族同士の付き合いがないゆえ、人間関係は深まりません。人間的な付き合いを大事にする国民と、そうした付き合いをまったく持たない人との関係は、お互いの不信感を深めていく原因になります。そこで私は数年前に独力で文化交流団体を創設し、ＵＡＥ国民と邦人の交流する機会をつくる活動

＊　アラブの国では他人の妻を非難したり、声を荒げて侮辱したら、社会的・部族的な大問題に発展する。

を続けてきました。

この文化団体は、地元の人に日本語や日本文化を教え、同時に、邦人駐在員にはアラブ文化やイスラームなどを伝える講習を定期的に開いています。またイベントやフィールドトリップを主催して、人間的な交流を深めることを目的としています。ＵＡＥに何年も住みながら一度もＵＡＥ人と話したことがないのでは、あまりにも残念です。文化センターには多くのＵＡＥ人が参加しているので、来れば必ず誰かと出会います。その最初のステップを提供しているのです。

不可思議な対応

ある折、センターを創設したばかりの頃ですが、邦人会の会長をしている方に公的な場でお会いしました。センターの活動を紹介し、「ご都合がつけば見学にいらしてください」と声をかけると、その人は鼻で笑って隣の部下に言いました。

「文化交流だって。きみはどう？　行ったら？」

そしてこちらを向き、

「はっきり言ってね、この国の人間で知り合いたいと思うような相手はいないね」と私に言いました。

こういう人と話しても無駄なので、会釈して立ち去ろうとすると、後ろからたたみかけて訊かれました。

「おたくの活動資金はどこから出てるの？　スポンサーは誰？」

「特定のスポンサーはいません。活動ごとに自分たちでまかなっています」

「へぇー、いないの。自腹でやっているわけ？　よくやるねぇ」

その人は、私が邦人会に提出した支援要請の書類を、「正式に会議にかける必要もなし。小生預かりにさせてもらう」と処理された方です。ビジネスはあくまでもビジネス、個人的な関係を築く必要はないと教育された人なのでしょう。世界的に名だたる大企業のトップでも、公の場でこのように応対することが私には不思議でした。日本に進出している外国企業のトップが、「日本には知り合いたいと思うような人間はいない」と果たして言うでしょうか。日本には素晴らしい人間がいないと公言する愚鈍は、つまり「自分には素晴らしい日本人と出会う力量がない」と宣言しているようなものだからです。

また、UAEナショナルと結婚している私にその言葉を投げる意味は何だろうと考えました。「おたくのご主人もそのひとりですよ」と暗に言いたいのでしょうか。もしこの会長が夫と仕事で出会ったなら、非常に慇懃《いんぎん》な態度で商売を進めるのかと思うと、また不思議な気持ちでした。

しかしながら、そうした言葉は私をそれほど不快にはしませんでした。UAE人の眼力は、そんなことはお見通しだからです。

人間的な信頼を築く必要はない、信頼などなくても商品さえ売ればいいという態度の人間には、UAE人はそれ以上に応えることはありません。どれほど優秀な製品が売れようと、信頼は商品にあるのであって、売る側の企業や代表する人間にあるのではありません。だから他国の優秀な製品、値段と購買層に見合う新しい製品が出れば、あっという間にそちらに移ります。商品を介して発展することが出来たはずの〝人間的な信頼〟がどこにもないからです。

寛容のススメ

もうひとつ、アラブ人が人間の資質を見極める重要な要素として、「友人を非難・中傷しない人間であること」があります。アラブ全体で共通の思想なのは、イスラームで他人を非難・中傷することを厳しく戒めているからです。小学校低学年のイスラームの教科書にも、友人を中傷しないこと、公の場で恥をかかせないことと明記してあります。

「名誉」はアラブ人が最も大事にするもので、命に代えてもという表現が当てはまるほど傷つけてはいけないものです。その中には、自分の名誉、妻の名誉、家族・部族の名誉などいろいろ含まれます。それを汚すと大きな社会問題につながるし、時代を経ても根強く残る禍根となります。*

慎重に行動しなければいけないのは、深く考えずに誰かを非難したら、その人は非難した相手を〝自分の仲間とは考えていない〟という表明になることです。日本人にはそこが難しい。なぜなら義を重んじる日本人にとって、「非がどこにあるか」という一番肝心の部分が解明されていないからです。非がある方が非難されるのは当たり前、という日本人の道徳精神をひとまず置いて、一貫して「友人を非難しない」態度をとるのは、実は大変忍耐がいることです。

そこで「寛容さ」が必要となります。非の場所を把握しながら、相手をどれだけ許容していくか。人間は機械ではないのだから、うまく機能（仕事・労働・人間関係も含む）しないことはままある。それをどう評価して、関係を断ち切らないまま上手に前に進めていけるか。「あなたが間違いを犯した。ここに非がある」と特定するような言い方は、アラブでは禁物です。最も大事な「名誉」を傷つけないやり方で、上手に逃げ道を作ってあげる、というより、逃げ道をふさがないと言った方がより正確でしょうか。相手を追い詰めないことは、アラブで生きる上で大変重要な能力となります。

では、非がある対象に何の咎《とが》も加えないまま放っておくのか、それは義に反するのではないかと日本人は考えます。法治国家なのだから、定められた法で裁くのは当然ではないのか。

もちろん下々の生活はどこでも、そのように法によって裁かれています。ところが簡単にはいかない場合もあります。それは、現代の複雑な機構が絡み合って非が明確に特定出来ない場合、あるいは非の場所が限りなく部族長に近い場合です。

湾岸アラブ国家の頂点は、世襲制の部族長です。シェイク（首長家に連なる人の総称）、アミール、スルターン、キングと呼び名はいろいろ違いますが、つまりは自分の部族の長であり、その頂点が法も行政も握っています。では、その頂点につながる者たちが間違いを犯すことはないのでしょう

＊　記憶に新しいのは、二〇〇六年のワールドカップ決勝戦で、フランスのジダン選手が女性家族を侮辱する言葉に激怒し、相手に頭突きを食らわして退場させられた。優勝やＭＶＰ賞を棒に振っても怒りを表明し、女性家族の名誉を守った。ジダン選手はアルジェリア移民の子孫でムスリム。

か。間違いを犯したら、非は誰があがなうのでしょうか。

それは頂点以外の人間です（ここで国家体制の是非を問いたいわけではない）。私が言いたいのは、別の誰かが他人の非をかばっている（＝表沙汰にしていない）場合や、どうにもならない不平等を耐え忍んでいる場合もあるので、むやみに特定の人物を追及しないという文化的背景が湾岸中東にはあるという事実です。

人間社会の不平等

さらに私たちが知らなければいけない重要なことは、教育ある多くの高級官僚でさえも、ムスリムである限り、「人間社会は完璧ではない」と考えていることです。

「人間のつくった法も行政も、神のように正しく人間を裁くことは出来ない。けれども、最後には、必ず神が正しく評価してくれる」という救済の信仰が、誰の心の中にもあるのです。たとえ非のある人間がその罪を「現世」であがなわなくても、「来世」では逃れられない。現世（＝人間社会）で罪を追及しきれなくても、神はその罪を見逃さず、宿命の日（来世は天国に行くか地獄に堕ちるかという判断が下される審判の日）において必ず自分の行いを償うことになる。それよりも人間社会で出来ることは、相手を許すことである。相手のミスを長期的に全体的に捉え、上手に「貸し」として担保しながら関係を保つことである。同時に、自分の犯したミスを「借り」として記憶し、何かの折に上手に返していける人間であること。そうした柔軟性と寛容さが、人間の資質を計る大変重要なモノサシになります。

そういう意味では、アラブ人は随分とフレキシブルで、かつ慎重な人々だと私は思っています。

勉強不足

数年前、世界恐慌のあおりを受けてドバイが経済破綻に陥ったとき、日本の外交官の記事が大いに物議をかもしたことがあります。

二〇〇九年のドバイショックの直後、外交官は全国紙のインタビューに応えてこう言いました。「ドバイ企業は日本企業に契約したお金を払ってくれない。これは明らかな契約違反だ。ドバイには、もう返済能力さえないのかもしれない」

翌週、全国紙の一面には、総領事の顔写真を横切って「招かれざる客」と大見出しのついた批判記事が載りました。ドバイのあらゆる商業団体から、総スカンを喰らったのです。外交官の仕事は企業人とは違います。どの職種のどの企業が揉め事を抱えていても、国同士は友好関係にあると強調することが本来の仕事です。特定の企業の負債を問題にして、新聞紙上で発表し、ドバイ経済の未来に難癖をつければ、相手が激怒するのも当然でした。

当時、幾人かの邦人企業の奥様方にお会いしましたが、大多数はご主人の言葉を真似て、「外交官は悪くない。スケープゴートにされたのだ」とか、「支払い未納という自分の非を棚に挙げて外交官を責めるなんて、責任転嫁じゃないの」と感想を述べていました。

しかし、ここが勉強不足なところです。ドバイは本当に責任転嫁しようとしたのでしょうか。ドバイ企業は支払い未納であることを自身でよく知っています。ないものは払えないという現実も重く受け止めています。けれども未来永劫返さないとは言っていません。待って欲しいと言うだけです。なぜなら、アラブ人は「出来ない」という言葉を決して相手には言わないからです。そういう習慣がないのです。

相手をがっかりさせる言葉や、自分の無能をさらす表現を使わないのが社会儀礼で、ほとんどの場合、「いつか＝インシャッラー」と表現するのみです。「出来ない」という表現は、「その気がない」という意思表示であり、インシャッラーは「その気はある。けれどいつかは断言できない」という意思表示です。すると聞き手は、「待って欲しい＝インシャッラー」という言葉の裏を読み取って、公的な場で相手に恥をかかせないように、上手に幕を引くべきなのです。もちろん幕を引いた裏ではまた別の交渉が始まり、ここからが外交や商談の真の手腕を発揮することになります。直接の商売の相手でもない外交官に全国紙を通して非難され、名誉を汚されたのは屈辱でしょう。外交官は「信頼関係」が最初からなかったような言い方をし、一貫して相手の「非」を責め、さらに「能力はない」と侮辱しました。これではアラブ人は怒ってしまいます。

対照的だったのは、その記事から一週間も経たぬうちに掲載されたイギリス外交官のインタビューです。古くからこの地域を占領してきた英国は、さすがに押さえるべきところを知っています。

「ドバイ経済は今は苦しい時期だろうが、必ずや返り咲くのを確信している。ドバイにはその底力がある。その時がくるまで、どのような形でも英国は協力を惜しまない」

返済してくれ、などとはおくびにも出しません。支援の言葉、ドバイを賞賛する言葉だけを連ねています。英国企業が契約金の未納でどれほど苦しんでいようと、一貫して〝仲間である〟という態度を崩さず、支援の言葉で埋め尽くしたインタビューの裏側で、「ここでは自分たちが譲歩するけれど、次では……」という態度を上品に示して、次に控えた大プロジェクト（または国際的案件）への足がかりを摑むのです。

アラブにとっての日本

私は出来る限り多くの日本人が湾岸アラブ人について知り、考えに触れ、人間的な付き合いを築いていくことを、きっとＵＡＥに住む誰よりも希望しています。日本とＵＡＥが将来多くの場面で貢献し合い、交流していく未来を切望しています。けれども、まだまだ日本人の勉強不足に驚かされることはたくさんあります。勉強不足なだけでなく、相手の大事なものを平気で傷つける無神経さも残念です。自称アラビストの中には語学だけを猛烈に学んだだけの人もいるし、歴史の深いエジプトやシリアだけを中心に考える研究者もいます。長年駐在してアラブ専門家と思われているビジネスマンも、イスラーム的な物の考えを理解していない人が数多くいます。

日本という国は、世界大戦に参加していない湾岸アラブ諸国にとっては、戦後の焼け野原からものすごい努力で復興した立派な工業立国です。自分たちも同じような経済発展にあやかり、世界に誇る工業国になりたいと考え、深く尊敬しています。

日本とアラブ諸国の関係は、欧米諸国のように宗教対立の歴史がなく、植民地支配という過去もなく、現代だけが問題です。二つの大戦以降の歴史をどう築いているか。一九七九年のイラン宗教革命や、一九九〇年の湾岸戦争、二〇〇一年の米国同時多発テロ、二〇〇三年から続くイラク占領でどんな態度をとってきたか。今後日本は、急激な成長を続ける湾岸アラブ産油国とどのような関係を築こうとしているのか。石油を提供される代わりに自分たちに何を提供してくれるのか。それを見極めようと、アラブの国々は真剣に日本政府の、企業の、邦人の資質を見抜こうとしています。

これから描く未来図で本当に必要なのは、人間同士の付き合いの中で培われる相手の文化への尊重ではないでしょうか。そのために必要なのは、今ある関係、知識、偏見から一歩踏み出して、その国民、社会、文化習慣、言語、さらに宗教に触れ、理解しようとする努力です。アラブ人は寛容な人々ですから、小さな失敗をとやかく追及することはありません。時間をかけて相手を正しく理解する努力、信頼関係を築こうとする姿勢は、必ずその鋭い眼力で評価します。

単なる石油の消費者として、あるいは車や電化製品の販売先として商売をしているだけでは、それ以上の関係は育ちません。相手がどうしても欲しいものを、先進国の先輩として、提供する姿勢が大切です。それは急激な国の発展に追いつく教育システムへの援助だったり、高等教育での相互リサーチだったり、若者のインターンシップだったり、大学教授の派遣、工業立国への第一歩であるエンジニア育成、基礎的な社会人教育、私企業への自国民雇用を増やすストラテジーなど、日本がノウハウで協力できることは本当はたくさんあるのです。そして、その土台になるのは人間的な信頼関係です。仕事の役職《タイトル》だけを背負ったビジネスマンでなく、個人の名前と顔を持った人間同士の関係を築こうとする姿勢が求められます。

私自身としては、寛容さも眼力も、常に見習っていきたいものです。と同時に、その厳しい眼力に承認される人間でありたいと思います。そのためには、細心の注意を払って、慎重にかつフレキシブルに、相手の立場を尊重しながらアラブ社会を生きていかなければと考えています。

（二〇一一年二月）

年末を飾ったもの

肉眼で月面の模様まで見えるほど、巨大で明るい月

大晦日の結婚式

十二月三十一日に隣家のお嬢さんの結婚式に行ってきました。

不思議に聞こえるでしょうが、十年住んでいるといっても、私は隣人の顔を見たことがありません。隣家との距離は道を挟んで百メートルくらいあるし、どの家も高い外壁に屋根付きの駐車場があり、車で外出すれば近所の人を見る機会はありません。用があるときはメイドが行き来するだけの年月で、隣家とはちょうど世代がずれているため、子ども同士が一緒に遊ぶ機会もありませんでした。つまり、見知らぬ人の結婚式に行くようだったのですが、招待状ももらったし、近所の友だちも行くというので「じゃあ、一緒に」と娘を連れて行きました。

私と友だちのアリアは、娘たちに加えて近所のお婆さんを三人乗せていくことになり、二台の車で式場に向かいました。夜の八時半開始なら、いつもは九時過ぎに着くように行くのですが、今日は年寄りを乗せているので八時半ぴったりに会場に着きました。

お婆さんたちは普段よりいい生地のガラビーヤ（肩から足首まであるアラブのドレス）を着て、一番豪奢《ごうしゃ》なゴールドを身につけるくらいなので、準備は簡単です。私たちの方が髪を整えたりドレスを着たりと時間がかかり、お婆さんたちを待たせないように大急ぎで用意を済ませました。

結婚式の入り口では、花嫁側と花婿側の女性親族が並んで招待客を迎えます。隣家のママ・メーサ（花嫁の母親）は私たちを見ると大きく手を広げて歓待してくれました。

初めて会うので私が自己紹介しようとすると、

「知ってるよ。隣の家のマダムでしょ。来てくれてありがとう」と言いました。

「わかるんですか」と訊くと、彼女はベールで覆った顔をほころばせて、

「あんたのことは何でも知っているよ」と。それには驚きました。

私とアリアは花道の近くのテーブルに娘たちと座りました。連れてきたアリアの姑とお婆さん二人は、花道を隔てて会場の反対側のテーブルに座りました。

「一緒に座らないの」と訊くと、

「嫁と姑よ。当たり前じゃないの」と笑います。

アリアは十九歳の時に結婚して以来十八年間、つまり人生の半分を姑と一緒に暮らしてきました。

傍から見る限りお互い気を遣わずに仲良くやっているように見えます。だから彼女の返事は意外でもあり、またよく考えれば当然でもありました。

友だちになったばかりの頃、アリアに姑との関係を訊いた事があります。すると、

「仲が悪いまま一生を過ごすか、これも運命と受け入れて家族のように過ごすか、選択肢が二つだけなら後者でしょう。前者はくたびれる人生だと思うよ」とあっさりしたもの。

私は自分の義母との関係を考えて、「うーん、それは姑も同じように考えているから成り立つのだろうな」と感じたものです。

小さな心遣い

会場はアジマン首長国のシェイハ（首長家の女性）が建てた公共結婚式場でした。公共だから贅《ぜい》は凝らしていないけれど、比較的安価で借りることが出来ます。アラブの結婚式は最低でも二百五十人は入る会場の席代だけでなく、外に注文するステージ装飾代、花代、食事代、お茶代、メイド代、記録撮影代と、目が飛び出るような高額の費用がかかります。さらに衣装代、新婚旅行代、新居準備代もすべて男性側が払うので、花婿の一族が協力して結婚費用を捻出しなければなりません。公共結婚式場で挙式するかホテルでするかは花嫁の希望で変わり、よほどの財閥・金持ちでなければ、一般市民は公共の結婚式場を予約することになります。

テーブルに用意されたそれぞれの皿には、小さなギフトがのっていました。レースに可愛いリボ

ンがついた袋の中味を透かし見ると、いい匂いのポプリが入っていて、可愛い小ビンに詰められたアラブの香水、ドアァ（願い事）の書かれた掌本が一冊、* クルアーンの結婚の章が書かれた紙が入っていました。また袋の下にはママ・メーサが書いたのでしょう、娘を嫁に出す母親の心情を綴った短い詩が、美しい紙にプリントされていました。

普通の結婚式だと、銀食器や宝石入れといった何種類もの高価なギフトが銀の大皿に盛られて、メイドが配りに来ます。すると奪い合うように子どもが群れて、はしたない光景が拡がります。それを考慮して、誰にでも有難がられる宗教的なものを一人ひとりの皿に置いたのでしょう。お金より心遣いが見えて、花嫁側ファミリーのあり方が窺えました。**

きけば花婿もウンムアルクエインの人で、どうして隣のアジマン首長国の結婚式場で式を挙げるのかと思っていたら、そこは有名なイラン料理店から仕出しが出るのでした。

予想通り料理はおいしい。ディナーが出るのは花嫁が登場する十時過ぎなので、その前の長い時間は前菜と飲み物しか出てきません。前菜には、どのアラブ料理にもついてくるファットゥーシ、ホンモス、タブーレ、サンブーサ、各種のパン、サラダなど十皿余りありました。飲み物はアラビックティー、ミントティー、カラックティー、カルダモン入りティー、サフラン入りティーなど

＊　寝る前や起きた時、食事の前後、トイレに入る前後、友達に会ったときなど、どの章句を言うかが書いてあるイスラーム教読本。
＊＊　結婚式の準備・計画はすべて花嫁側が行う。

が、尽きることなく配られました。
アラビックコーヒーはおかわり自由なように、ポットがテーブルに置かれていました。コーヒー用にオマーン菓子のハルアもついて、私とアリアは同席した年配女性の盃《フンジャーン》（掌《てのひら》に載るくらいの小さなコーヒーカップ）に絶えることなくコーヒーをつぎ足しました。

エジプト人の音楽担当者が会場の隅で、結婚式用の派手な音楽をかけています。ファミリーによってはプロのダンサーを呼んだり、髪振りダンス（UAE女性の伝統舞踊）やアラブ系ディスコダンスを踊る若い世代もいるのですが、このたびの花嫁側は敬虔な人たちなので、ダンスはありませんでした。それどころか、しばらくすると音が大きいと客から文句が出て、音楽は控えめになりました。おまけにその後の食事中は、話す声が聞こえないとお婆さんたちが文句を言って、波の音に変わってしまいました。

着飾る客

結婚式場に女性しかいなくても、ほとんどの招待客はアバーヤ（ドレスの上にはおる黒い布）とシェーラ（頭部を巻く細長い布の総称）を脱ぎません。脱いでいるのは花嫁と花婿の親族だけです。若い娘たちはここ一番とゴージャスなドレスを着て、それを誇示するようにテーブルの間をまわって招待客に挨拶しています。

私は金のラメが縫いこんである赤いドレス、アリアは金のスパンコールが散る黒のドレスを着ていました。もちろん私たちのドレスも肩が大きく開いているのですが、アバーヤを脱がないから外には見えません。結婚した女性はたいていい肌を見せることはしないのです。

アリアは私の髪が束ねてあるのを見ると、

「なんで髪を下ろさないの。年寄りみたいよ、はずしたら」

見れば同席する年配女性のほとんどは、髪を束ねたままです。日本では結婚式こそ美しく髪を束ねて行くものだから、そのつもりでいつも束ねるのですが、UAEでは結婚式こそ豊かな美しい髪を誇示するために下ろしておくのでした。

言われるまま髪を下ろし、シェーラを肩まで落として、アバーヤの前ボタンを開きます。私たちの年齢層だとこのくらいの解放感がせいぜいです。年配の人はアバーヤもシェーラもつけたままで、前を開いたりしません。若い独身の娘たちは、身体の線がはっきり出る大胆なドレスを着てきます。席につくと、アバーヤシェーラを脱ぎ、結婚式用の薄いレースでできたアバーヤをその上にまといます。節度ある化粧をして、同席する年配女性の世話をこまごまと焼きます。彼女らにとって、ここは自分の結婚相手を見つける最上の機会だからです。恋愛結婚が流行り出したといっても、UAEでは息子の嫁はまだまだ母親が探す場合がほとんどです。結婚式ともなれば、適齢期の息子がいる母親はみな、そ知らぬ顔で注意深く若い娘を見定めています。娘たちは晴れの席で自分の価値を最大限にアピールするのです。

しかし、これも田舎町のウンムアルクエインだから通用する、昔の習慣なのかもしれません。土地バブルで信じられないような成金が現れ、すべてがお金本位となってきたＵＡＥ社会では、最近の都会育ちの独身女性は、金持ち以外の男性とは結婚する価値がないと考える傾向があります。結婚式で未来の花婿の母親に見初められても、給与が低かったり、夫婦だけの家を建てる甲斐性のない男性だったらかえって問題です。それなら給与がわかる職場に勤め、将来出世しそうな男性を自分で探し出す方が間違いない。今の若い女性はこのように考える傾向があります。夫婦ふたりで倹約して辛抱して、少しずつ楽な人生になるなどは昔の話です。

そういえば日本がバブルだった頃にも、同じような傾向がありました。家も金も車も持っている若い男性なんているはずないのに、それ以外の相手なら苦労を共にする価値がないと結婚を選ばなかった女性はたくさんいました。それと同じことが今のＵＡＥでも起きています。だからこの田舎町の結婚式で、若い女性が甲斐甲斐しく年配女性の面倒をみているのを見ると、なにやらホッとしてきました。

世代のギャップ

しばらくすると、五十代前半くらいの地味な格好をした女性が、私たちと同じテーブルに着きました。

初めて会った人なので自己紹介すると、

「あぁ、黄色い家のマダムね。あんたのことはわかるよ」と。

私は首をかしげて、一体いつの間に自分の噂が広がるのかといぶかります。十七年前のこの田舎町で、日本から嫁をもらった男性の話が確かに広まらない訳がない。夫は政府の奨学金で米国留学したエリートのはしくれです。地元の娘がこんなにいるのに何故わざわざ日本から嫁をもらったのかと、結婚当時、夫の父親の家には文句がたくさんきたそうです。

そんな昔のことはどうでもいいが、私が家の前庭を草むしりしている姿とか、ハシゴにのぼって玄関の電灯を付け替えている姿とか、ペットのためにシャベルで庭に柵を打ち込んでいる様子とか、痩せるために庭をマラソンしていたこととか、知らぬ間に噂になっているのかもしれません。

かといってそれを気にしていたら暮らせません。私にしてみれば、夫の名誉を汚さない行為（酒を飲む、男性と会う、子どもを折檻する、肌を見せるなど）でなければ、あとは何でも自由にやらせてもらおうと考えています。第一、そうでなければ結婚する意味がありません。二人の共有する価値観で生活を築くはずが、片方の生活習慣を踏襲するばかりでは、自己否定されるようで長続きするはずないのです。それにしても、知らぬ間にこんなに自分が知られているとは、随分不思議な気持ちになりました。

隣に座ったその女性は、私に子どもの数を尋ねた後に自分のことを話しました。

「うちには息子は九人いるの」

「そりゃすごいですね！　育てるの大変だったでしょう」と驚く私に、

「それから娘が三人」と付け足します。

「えっ、じゃ全部で十二人ですか。マシャラ、マシャラー！*　ひとりでみんな産んだんですよね」

「当たり前じゃない。そのうち六人はもう結婚してるの。孫もたくさんいるわよ」

彼女の年齢はどうみても、私より十歳くらい上でしかありません。

「とてもそういう風には見えないけれど」と驚きとお世辞を交えて言うと、

「なにしろ十一歳の時に結婚したから」と言うではないですか。

え〜〜〜、それでは幼児結婚というチャイルド・アビュース（虐待）ではないかと口に出かかって、慌てて呑み込みました。

絶句する私に、横からアリアが「彼女は昔の人だからね」と。

なんと！　自分と十歳しか違わない人が「昔の人」とは、一体どういう感覚なのか。いかに凝縮された世代交代があったといっても、これでは明治時代から大正・昭和をすっ飛ばして、平成に飛んだようではないですか。いやいや、このＩＴのご時世では二〇〇〇年まですっ飛んだと同じです。それにしても私の目の前にいる女性は、我が家の次女よりちょっと上の年に結婚し、長女の年には二人くらい子どもがいたことになります。いやはや驚きました。

さらに驚いたのは、あとで挨拶に来た花婿の母親が、自分と同じ歳くらいだったことです。確かに計算上は、一九六〇年代半ばに生まれた女性が十七歳くらいで結婚し、十八歳で出産し、その息子が二十三歳で結婚したら、まだ四十一歳ということになります。けれどけれどけれどけれど……。
私はその現実におののいて、しばらく考えがまとまりませんでした。

スーパーウーマン

ただし驚いたといっても、軽蔑しているのではありません。私は自分の夫がどのような幼少時代を過ごし、電気も水道もガスもない時代に母親たちがどれほど苦労したかをわずかにせよ聞き知っているので、軽蔑という言葉は当たらない。むしろ尊敬しています。若い頃に探検隊**で自分の面倒は自分でみる姿勢を徹底的に叩き込まれた私でも、あの時代のＵＡＥ女性のようには生きられないと思う。

村中の男性が真珠採りでいなくなる三～四カ月間、女性は家族や社会を自分たちだけで機能させ続けなければなりませんでした。子どもを八人くらい産み、育て、老人の世話をし、家畜の面倒をみて、デーツ（なつめやし）やマンゴーなど所有する木を管理し、イード祭には家畜を屠殺して料理し、娘たちの晴れ着に刺繍をほどこし、さらに小金を稼ぎ、近所を助け、村社会を動かしていく。それ以前に生きるための義務、水汲みや火熾《おこ》しが毎日あるのです。かつて本で読んだら、水道を持

* 驚いたときにすぐこの言葉を言わないと恨まれる。神の御意思によってという意。
** 著者は、かつて民間の探検隊に所属しており、探検生活のノウハウを指導された経験がある。

たない国に住む女性の水汲みにとられる一日の平均時間は、六時間とありました。二十四時間のうち六時間を水汲みに使うなら、一度に出来るだけの量を運ぼうとするはずで、どれほど大きな甕《かめ》を頭に載せて歩いていたのでしょうか。

当時の女性がお金を稼ぐ方法は、魚、マンゴー、デーツを売るなど、商売になるものは何でもやりました。魚は漁師（男性家族）がとってきたものを、鮮度が落ちない午前中に市場で売りました。と同時に、自分の家や畑で取れたわずかな野菜やフルーツなども並べて売りました。また健康でバイタリティのある女性は、井戸から汲んだ清水を、真珠船まで泳いで売りに行きました。遠洋で採集を続ける真珠船は、時間をセーブするために、めったなことでは岸に近づきません。米や清水などの必需品がなくなった場合だけ沿岸に来るため、果敢な女性はヤギの胃袋に入れた清水を肩にかけて、海岸から船まで泳ぎ渡り、波の中に立ち泳ぎしながら船の人に売ったそうです。それを何往復もして、わずかな駄賃を稼ぎました。

今の私は水汲みだってろくに出来ないかもしれない。マッチがなければ火も熾せない。この灼熱の下、家から市場までだって歩ききれないかもしれない。遠くの船まで泳げと言われたら、もう死を覚悟の身の上です。メイドもいない時代に、女性たちは妊娠していても、子どもが病気でも、老人を介護しながらも、水汲みや火熾しは抜かせませんでした。読み書きどころか生き延びるだけで精一杯。それは百年前ではない、一九六〇年代なのです。

だから学校に一日も行かなくて、読み書きも出来ず、十一歳くらいで結婚して三十歳には孫がいても、それは軽蔑するに当たらないことを私は生活の中で学びました。私の周りに座る地味な姿のお婆さんたちは、皆まさしくスーパーウーマンなのです。

花嫁登場

十時になると式場が暗くなり、音楽が変わって、花嫁の登場が近づいてきました。

アリアは私の耳に顔を近づけて、

「ママ・メーサったら泣いてるよ。今日、顔をベールで隠しているのは泣いちゃうからだって。ひとり娘を嫁に出すんだもんね」

「だってウンムアルクエインの人と結婚したんでしょう。近くじゃない」

呆れて言う私に、

「近くも近く、うちから八百メートルくらい先に大きなマンションが建ったでしょう。あそこに新居を構えたのよ。だけど、そこでも遠くて泣いちゃうんですって。娘がひとりだとこうなるのかね。あんたのとこは二人、うちは三人だから泣かないよね」

そんな話をきくと、なにやら未来がぐっと身近に感じます。考えてみれば、私がウンムアルクエインに住みだして早十年。その当時は隣家のお嬢さんもまだ十二歳くらいだったわけで、我が家の長女より小さかったはずです。それが、ひと目も見ない間に美しく成長し花嫁となりました。光陰矢のごとし。自分の娘だってあっという間かもしれません。

「ママ・メーサは息子が三人もいるんだから、泣いているヒマに嫁探しすればいいのにね」と私たちは笑い合いました。

やがてスポットライトの中にゆっくりと花嫁が登場しました。銀行で働くだけあり、聡明そうな美しい女性です。花嫁は長い花道を通るあいだ、三歩進むたびに止まって右を向き、左を向き、どの場所の客にも見えるようにゆっくりと歩きます。ステージに上がる階段にさしかかると、親族が花嫁の頭上から新札を振り撒きました。本来は子どもたちにあげる祝儀なのですが、狂ったように群れるのはメイドと式場のウエイトレスだけです。子どもたちの母親は、着飾った子どもにはしたない真似をしないよう厳しく躾けているのでした。

歩を進めるたびに花嫁のドレスの裾を整えるのは、花婿の姉妹たちでした。花嫁に姉妹はいないから、当然手伝うのは花婿側となるにしても、私は思わず「感動的なシーンだなぁ」と思いました。

するとアリアは不思議そうに、

「だって、もう同じ家族になったでしょ。普通はこうよ」

先ほどの姑との話を思い出し、「なるほど。幸福な結婚とは、最初から多くを受け入れて始まるものなのだ」と考えました。

二十分以上もかけて歩き、花嫁がステージの上にある豪奢な長椅子に座ると、ようやく食事が出てきました。山羊の丸焼きを載せたライスが三皿、グリル肉の大皿がひとつ、サルーナと呼ばれるライスにかける汁物が二皿、グレープの葉に巻いたご飯がひと皿。チキンの丸焼きが一羽。八人用のテーブルには多過ぎず少な過ぎず。乾いても冷えてもいない、おいしい食事でした。

無用な数のメイドは雇わなかったらしく、各テーブルには給仕がいませんでした。私とアリアは子どもたちと年配女性のために、肉を取り分け、チキンを切り、ご飯を盛り、サルーナをかけ、お茶をつぎ足し、たくさん働きました。

テーブルにいるみんなのお腹がふくれたのを見て、花嫁に挨拶に行きました。女性側の親族や友人は、花婿が登場する前の花嫁がひとりで座っている間にステージに挨拶に行きます。花婿側の友人や縁者は、花婿が夜遅くに登場して、カップルが一緒に座るところに挨拶するのが習慣です。

見知らぬ人だからまずは祝言を伝え自己紹介を、と考えていた私に、花嫁の方から、

「隣のマダムですね。初めてお目にかかるけれど、知っています。今日は来てくださってありがとうございました」と流暢な英語で言われました。

私も、「今日までお会いできなかったのは残念です。とても素晴らしい式ですね」とお世辞ではなく言いました。

アリアは社交的な女性で友だちも多く、私たちが壇上から降りると、いろいろなテーブルから声が掛かりました。そのたびに私も近づいて挨拶します。

「あの黄色い家のマダムね」

「外壁に絵がたくさん描いてある家でしょ」

「おたくは朝早くスクールバスが来るよね。あれ息子さん？」

そんなことをたくさんの見知らぬ人に言われました。驚き、返事に戸惑い、席に戻ったら「何をこんなに緊張したんだろう。花嫁でもないのに」と我ながら思いました。

デザートは大きなお皿に載ったたくさんのプチケーキでした。その間に、ステージに上がった私の姿を見た子どもたちが、次々に挨拶に来て、気分が良くなりました。ある子は我が家の次男と自分の兄が同級だから。ある子は次女の学校の友だちだから。ある子は長女の学校に去年までいた子だから。一度も見たことがない娘さんばかりで、次はいつ会うかわからないのに、私との繋がりを見つけて挨拶に来てくれるのです。

私は一時期、確かにこの田舎町が大嫌いで、保守的で閉鎖的な部族社会に腹を立て、こんな田舎に住まわせる夫を恨んだことがありました。しかし最近はそういう気持ちも薄れました。人間はそうそう生きる場所を選ぶことはできない。不満は尽きないけれど、人生には折り合いが大切です。土地の人がこれだけ親切なのだから、文句を言ってはいけないのかもしれません。

花婿登場

そのうち会場が暗くなり、花婿が入ってくるとアナウンスがありました。招待客全員がアバーヤとシェーラをつけ直すために、十分な時間をとってから花婿は登場します。「もうすぐ花婿が来ますよ」と何度もアナウンスがあって、音楽が鳴ってドアが開くと、スポットライトの中をビシト*を羽織った花婿が入ってきました。

「ふーん、ビューティフル」と思わずアリアが言ったほど、堂々として誠実そうな美しい男性でした。二人の男性に付き添われ、**真っ直ぐ前だけを見て花道に進み、壇上まで上がると、立ち上がって待っていた花嫁の額にキスしました。付き添いの兄弟も同じようにキスし、新郎新婦を囲んで短い写真撮影があり、兄弟たちはそそくさと出て行きました。ここまでが一連の儀式で、それ以後、招待客は席を立っても失礼に当たらなくなります。双方とも敬虔な家族なので、花嫁の父も花婿の父も会場には入りませんでした。式の始まる前に、控え室で男性家族とは写真撮影を終えていたのでしょう。

めでたい出発

時計を見ると十一時四十五分、あと少しで新年です。

アリアと私は娘たちを促して、帰り支度を始めました。いろんなテーブルに散っていたお婆さんたちを探し出し、入り口まで来ると、ママ・メーサはベールの中で泣いていました。

彼女に挨拶し、女性親族に挨拶し、急いで外へ出ました。その瞬間、ボン！という音がして、

＊　白いカンドゥーラ（アラブ男性の日常着で、肩から踝までとどく白い服）の上にはおる薄い黒いガウン。襟と袖口に金の縁取りがしてある男性の最高の晴れ着。
＊＊　花嫁側の男性家族。ベールをかけていない花嫁を見られるのは、花嫁側の男性家族と花婿だけ。

頭上高く花火が上がりました。新年です。

「あぁ、年が明けたね」

「ハッピー・ニュー・イヤー」

アリアと私は抱き合い、それぞれの車に乗るため別れました。

車のエンジンを暖めるあいだ「新年おめでとう」のメッセージを夫に送ると、すぐに返事が戻ってきました。

「おめでとう。きみはいったいどこにいるの。今年になってからまだ一度も顔を見ていないよ」

そのジョークに笑いながら、眠そうな娘に「さぁ出発よ」と声をかけます。

娘は不思議そうに、

「出発じゃなくて帰るんでしょう」

「いいや、出発ですよ。新年が明けたんだからね」

車を出しながら、この新年は幸先がいいと私は思いました。今夜はなんと気持ちのいい夜だったでしょう。私の住む田舎町ではまだ結婚式が金満主義に流れていなくて、隣町の隣のそのまた隣町までも知っているコミュニティがあって、母親の詩や小冊子だけのギフトを有難く持ち帰る人々が住んでいます。これだけでもすでにUAEでは珍しいことです。

さらに年寄りを甲斐甲斐しく世話する若い世代があり、自分の価値を認めてもらおうと行儀良く振舞う娘たちがいて、見たこともない人にまで挨拶に来る素朴な心が残っています。激変するUA

Eで、今この瞬間にも音を立てて崩れている昔ながらの価値観が、まだ健在であったこと。それを知っただけでも今夜の結婚式は私を十分幸福にし、新しい年のスタートを飾ってくれたのでした。

（二〇〇八年一月）

エレガンス

内部から外は見えるが、外部からは中が見えない造りのマシュラビーヤ

母親会

次女の高校で母親会に出席したら、大層いいものを見せられて、浮き浮きした気持ちで帰ってきました。こんなことを書いたら「はしたない」と夫に怒られそうですが、単なる母親会に行っただけでホレボレするものを見せてもらい、高揚した気分を味わいました。なので皆さんにもお裾分けをします。

次女の学校は、ウンムアルクエインに四つある公立高校（うち二つは過疎地の分校）のひとつです。全校生徒は三百人ほどで、田舎の公立校の例に漏れず、勉強も躾も大変厳しい学校です。

前日に「明日の午前十時に母親会がある」と携帯電話にメッセージが回ってきたので、翌朝十時

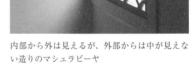

ぴったりに学校に行きました。アラブ流にいい加減で何でも遅延すると思ったら大間違い。地方の公立校は厳しくルールが守られて、時間の無駄がありません。

母親会のテーマは「ソーシャルメディアの上手な使い方」で、マスラハと呼ばれる体育館兼ステージで行われました。中央には机が長方形に並べられ、長い辺側は体育館の左右の壁を背に三十くらいの椅子が、短い辺側は、一方はステージ、他方は出入り口を背に、十五くらいの椅子がありました。ステージ側の机は長方形から少し離れて置かれ、そこに主催者や司会が座りました。私は反対側（出入り口側）のちょうど真ん中あたりに座りました。

母親会だから女性だけかと思ったら、最初に「これから男性が入ってくる」というお知らせがありました。母親たちは急いでシェーラを巻きなおし、髪が見えないように調節しました。これにかかる時間が五分くらい。さらに何人かがニカーブ（顔の下方につけて目だけを出す布）をつけるのを見届けてからドアが開き、制服を着た警官二名が入ってきました。

警察官はずらっと並んだ母親たちの後ろをまっすぐ歩いて、ステージ側にたどりつき、主催者席に着席しました。

ここで私はまず「ほぅ」と思いました。母親たちは長方形の右側の椅子に座っています。生徒たちは左側で、あまった生徒と母親が人数を調整しながら出入り口側の辺にもはみだし、ちょうど私と娘が隣り合わせで座った場所が、生徒と母親の分かれ目です（私には通訳が必要なので、娘と一緒に座った）。男性が入ることを考慮して学校は机を長方形に並べ、母親たちを右側席に着かせたのです。

出入り口はマスラハの右端にあるので、警官は、母親席の後方から入って、母親たちの背後を歩いて主催者席までたどり着きます。この状況なら、母親にとっても警官にとっても、礼を失することになりません。女性を出入り口の真正面に座らせることや（入場した途端、相手の姿が視界に入る）、女性と対面しながら歩く位置になることは、女性にとってはもちろん、男性にとっても不快な状況となってしまいます。これは双方に対するリスペクト（礼節）で、公立学校ではそうしたことを厳しく守り、また子どもたちに躾けています[*]。

警官が席に着くまで、母親たちは首を後ろにまわしたりじろじろ見たりせず、黙って前を向いています。これも成人女性としての礼節のうちです。子どもが学校に行き始めたばかりの頃、私はこうした礼節を知らなくて、たくさん恥をかきました。ドアが開いてはそちらを見やり、主催者が男性であろうと構わず目で追いかけ、こうした習慣のために時間がとられて会の進行が遅いと、イライラして「次はまだですか？」と平気で発言していました。今から考えると、なんと品のない母親だったことか。

二人の警官が着席し、教師が話しかけてから、止まっていたイベントはまた進行し始めました。それにしても、警官は学校の教師とも一度も目を合わさず、上手に一メートルくらい離れたまま、黙って準備を進めました。机の上にコンピュータを置き、作動させ、ステージの装置につなげて、マイクを調節します。女性教師がコンピュータを操作する番になると、警官は二メートルくらい後ろに下がって、場所を明け渡しました。十分な空間が出来てはじめて教師はコンピュータの前に行き、操作が終わるまで警官は遠くに控えたままです。

私には湾岸アラブのこうした自然な配慮が、非常にスマートに見えます。エレガントと評してもいい。湾岸アラブに特有な男性と女性の間の礼節、その礼節をいかにも自然な形で日常の中に織り込んでいる優雅さ（長方形に机を並べて母親と警官を対面に向かわせない配慮など）、礼節が生活全体に行き渡っているために、物理的にも配慮がなされている様子（体育館の出入り口が中央でなく端につくってあることなど）は、気づかない人には気づかれないけれど、湾岸アラブ文化を彩る諸々のエッセンスです。外国人（アラブ・イスラーム以外の人たち）にはなかなか理解されないこうした美しい礼儀を、私はいつも見習いたいと思います。

警察官二名のうち一名は五十歳前後でしょうか、コンピュータと壇上のスクリーンを交互に見な

＊ この場合、左側に座る高校生は男性と向き合うことになるが、父親の年代だから問題ない。実際に警官は生徒の父親だった。

がらセットを終えると、画面を変えるリモコンを手に、主催者の右側、つまり母親側に椅子をずらして座りなおしました。

一瞬、「あら、なぜ母親側に？」と思いましたが、それが妥当な位置でした。母親の列の延長線上から、自分の椅子をほんの少し前に据えて座ります。そうすると、講義をする警官とスクリーンはちゃんと視野に入るのに、母親たちは背後になって、男性からは見えなくなります。反対に、警官は斜め後ろから女性の視線を受けることになりますが、それは当然あるべき状況だと本人は知っています。まったく絶妙な位置でした。*

UAEの儀典

たかが母親会（日本の父母会のようなもの）だから、一連の儀式はないだろうと思っていたら、ちゃんと国歌斉唱から始まりました。全員が起立して、スクリーンに映し出された国旗に敬意を表します。おしゃべりに騒がしかった生徒たちも、床に座ってスピーカーを調節していた生徒も、飲み物を運んでいた外国人ヘルパーたちも、すぐに中断して直立しました。携帯電話でイベント進行の連絡を取り合っていた教師も、あわてて電話を切りました。私は日本で国旗掲揚に直立して敬意を示すことをあまり習わなかった世代なので、こうしたことが大切な世界の礼節であると外国で習いました。

最初にアメリカで勉強したときには、どのスポーツ競技の前にも、国旗を仰ぎ見ながら胸に手を当てて国歌を歌うことを知って、大いに感銘を受けました。また、自国旗にだけ敬意を示すのでなく、他国旗にも敬意を払う礼儀を、外国人がたくさん参加した船のプログラムで習いました。

ＵＡＥでは国歌が流れると身体が自動的に止まり、曲が終わるまで動かないほど、その習慣を幼少から叩き込まれます。独立して四十年余のＵＡＥは、部族も出自も考え方もそれぞれに違う人間の集まりなので、ひとつの国旗の下に連帯する愛国心を、まだまだ強調する必要があるのでしょう。

国歌斉唱のあとはクルアーン朗誦がありました。イスラームの国で、クルアーン朗誦を省略する儀典はあり得ません。学校で一番上手な生徒がステージに立って、素晴らしい声を披露してくれました。こうした学生は日頃の成績の良し悪しとは関係なく、学校の大事な「隠し玉」です。声が澄んで美しく、韻を上手に踏むことの出来る生徒が選ばれます。これは簡単なようで特殊な能力で、どの韻を何拍のばすとか、どう高低をつけるかなど独自の工夫をこらし、人を魅惑するように詠みます。隠し玉の朗誦のうまさは、その学校の宗教教育の厚さを示し、すなわち道徳教育の高さを表す格好の機会となるために、人選は厳しいです。アラブ人はイベントに参加すると、まずこのクルアーン朗誦の良し悪しを手厳しく評価します。イベント内容がお粗末でも、朗誦の美声を聴いたな

＊　湾岸アラブではどの講演やイベントでも、観客に男女が混じっている場合は、男性席と女性席は別になり、前方に男性席が、後方に女性席が準備される。男性が女性を後方からじろじろ見ない配慮のため。大きな講堂だと左右に分けて座らせる場合もある。私は卒業式などに出席しても夫と隣に座ったことは一度もない。

らば「まぁよかった」と評価し、反対にイベントがよくても朗誦が下手だと、「何て人材が乏しいのだ」と全体の評価を下げてしまいます。

その後に続いたのは詩でした。儀典のたびに詩は詠まれます。詩作の上手な生徒が、お客様（この場合は母親たち）を歓迎する詩を詠んでくれました。内容は「子どもの教育に参加する母親は立派だ」とか、「母親のおかげで養育され成長することができる」などありきたりなものですが、韻を上手に踏んでいるかが焦点で、下手くそな詩だと、これまた大いに批判されます。高校生のくせに詩も上手に作れないとか、あの韻は間違っているとか、詠みが浅い、発声がなってないなど。ですから行事の前は、イスラーム教師やアラビア語教師は大変忙しい。イベント内容が自分とは全然関係なくても、教師の名誉を懸けて生徒を人選し、詩作させ、朗誦させるわけです。

儀典では詩を詠まないときもあります。その場合はハディース*やナシーダ**が、テーマに合わせて詠まれます。ハディースやナシーダは生活の指針を示す内容ばかりなので、ほぼ学校の行事だけで詠まれます。それもやはりアラビア語の得意な生徒が選ばれ、抑揚がついた美しい韻律で、人を酔わせるように詠います。たいていは、韻を踏んだ直後に全校生徒が同じ韻だけをリフレインして、会を盛り上げます。

湾岸アラブの儀典の最初の二十分くらいは、すべてこのように進み、これで一連の〝始まりの儀式〟が終わって、本題に入ることになります。

私はこうした式の進行が気に入っていて、いつも心から楽しみます。アラブではどんな小さな会でも、たとえ幼稚園の母親会でも、儀典が端折られることはなく、園児が上手にクルアーン朗誦をしたり、小学生が素晴らしい創作詩を披露してくれます。まず国旗が掲げられ、国歌が流れ、クルアーン朗誦があり、詩が朗読され、ハディースやナシーダからの教訓があって、それから主催者の話になる。まどろっこしいようでも、ここには文化の雅《みやび》があります。自分たちの社会に大切な価値の高い文化を、時間とエネルギーをかけて次代に継承していく努力があると、私は感じています。

アラブの礼節

一連の儀式のあと、若い方の警官は主催者席を離れて、長方形の真ん中に歩いてきました。警察の制服は若草色で、赤い肩当てと深紅の織紐《おりひも》がついています。肩当てには階級を示す鷹や剣の刺繡があり、深緑の皮靴に、深紅のベレー帽の正面には金の警察バッジが光っています。すらりと背が高く、四十歳くらいの落ち着いた人のように見えました。

「声は聞こえますね」と差し出されたマイクを断って、警官は話し始めました。いつもは騒がしくおしゃべりを止めない生徒たちも、誰かのお父さんだと思うとピタリと黙ります（他人の父親を尊敬しないことは地域社会では許されない。生徒たちは、講師を警察官である以上に誰かの父親だと考え、礼儀正しく品

＊　イスラームではクルアーンに次ぐ重要な規範手本で、預言者ムハンマドの言行録。
＊＊　クルアーンに書かれている教訓的な詩句。

行方正に振舞った)。

「今日は高校生が罠にかかりやすいサイバー犯罪についてお話しします」と始まった講義は、外出の機会が極端に少ない湾岸アラブで、若者が家にこもってサイバー中毒になる可能性が高いことや、子どもがオンラインでどんな情報を得ているのか親が把握できないこと、そうした情報が宗教に反する習慣を植え付けること、好きなときにダウンロードできてドラッグのような快感を与えるサイトがあることなど、世界のどの高校でも話し合われているような内容でした。

それにしても、男性の話しぶりのスマートさに私は目を奪われました。声は力をこめず淡々と、身体はブレることなく、手は静かに上を向いたり翻ったり。なによりも視線を誰にも合わせずに、上手に宙に浮かせているのが印象的でした。アラビア語が大してわからない私は、イベントに参加するたびに、話の内容より人を観察する方に忙しいのです。このたびも、警察官の視線や挙動に興味津々でした。

なにしろ湾岸アラブで主婦生活を送っていたら、夫以外の同年代の男性と話す機会はめったにありません。もちろんショッピングモールやスーパーには男性がたくさんいますから、日常では男性を見ています。また銀行に行ったり、省庁や役所にでも行くならば、当然そこで働く男性と事務的な話はします。けれども長時間同じ場所にいたり、同じ話題について話す機会はありません。

いかにも不思議に聞こえるでしょうが、結婚生活四半世紀になろうとする私でも、夫の親友や同僚、旧友などは話に聞くだけで、一度も顔を拝んだことはないのです。よほど親しい人(男性)がお見舞いや子どもの卒業祝いなどで夫に挨拶に来てくれて、マジリス（男性用応接間）を出る際に短い挨拶をもらうこともありますが、本当に十秒くらいの時間です。それも正面からでなく、必ず九十度の角度を向いて話すので、*もう一度会ってもその人とはわからないでしょう。夫には兄弟や従《い》兄弟《とこ》がいないから、家に気楽に入ってくる男性は一人もいません。それゆえ、世間の同年代の男性がどれほど礼儀正しく、あるいはどれほど打ち解けて同世代の女性（母親たち）と関わり合うのか、私にはよくわからず、興味津々だったというわけです。

礼節と優美

警官はスクリーンを背に、出入り口側を正面にして立ちました。視線は女性たちのほんの少し上に向けていています。特に何かを見つめているわけではなく、かといって肉声の届かないほど遠くを見ているわけでもなく、焦点はうまくぼやかしてあります。ちょうど舞台に立つ役者が、薄暗い座席空間の真ん中を見つめているように。視界にはもちろん母親や生徒、出入り口付近にいる教師たちもよく映っているでしょう。でも誰も直接には見ていません。

講義の途中で母親が質問のために手を挙げると、そちらを向かずに前を向いたまま、「どうぞ」

＊　異性同士が礼儀正しく話すときは、正面を向かない。声が聞こえるほどの距離で、少し角度のずれた方向を向きながら話す。

と掌で促します。首をわずかに母親の方に傾けて、視線は床に落とし、じっと話に聞き入る姿勢をとります。返事のあいだもその母親を直視するわけではなく、回答の最後にちらりと視界に入れて、相手の反応を確認するだけです。生徒が発言して会話の中にジョークや譬《たと》え話が入ると、ほんのわずかに笑みを浮かべますが、決して声を出して笑ったりはしません。非常に慎み深く礼儀正しい。これはなんと表現したらいいのだろうと考えていたら、「スキをみせない」という形容がぴったりだと思いつきました。

警官が講義をしていたのは四十分くらいでしょうか。最初から最後まで、その動きは優美で紳士的で、その場にいる女性すべて（母親、生徒、教師）に礼を尽くした落ち度のない態度でした。男性側も女性側も公の場でしっかりと距離を保って、「親密」という雰囲気を作り出しません。日本でよくある、失敗談や身内の話などで「打ち解けた」場面にしていく必要はないのです。アラブ男性は、誰かの所属である女性（きちんとした部族・身分の男性の妻、あるいはその娘たちという意味）には、きちんと敬意を払います。誰からも文句の出ない節度ある距離を保つことは、この場にいない所有者（夫や父親たち）へ敬意を示すことと同じです。

同様に女性も、大勢の男性の中に入って何かをしなければならないとき、決して異性にスキを見せず、気を許さず、節度ある距離を保つことが礼節です。それは、その男性の所有者（妻たち）への敬意であると同時に、自分の夫や父親（の名誉）に対する大事な義務でもあります。

日本と違う点で注目すべきは、今日のように母親と警官、教師と警官、生徒と教師という、命令の方向や職権の差がはっきりしている場面でも、決して「権威」によって場が仕切られないことです。あくまでも、部族の習慣によって場は仕切られます。子どもは父親に対して最大の敬意を払い、どんな職業の男性でも女性に対して慇懃で、生徒と教師という立場を超えて、女性は女性の役割を果たし、どれほど女性の数が多くても一人の男性に対して礼節ある態度を保ちます。さらに機関（学校や社会）はそうした礼節を問題なく行えるように物理的に準備を整えて、物事は進んでいきます。そのスムーズな動き全体が、優雅さにつながっているらしい。

もちろん講義を担当した警察官も、仕事上語り慣れていて、どんな状況でも礼節を保つ訓練を積んだスポークスマンでしょう。だからこそ彼は非常にエレガントに見えるのです。その絶妙な立ち姿、絶妙な視線、絶妙な受け答えに、「ふーむ」と低い声で何度も感心しては、隣の娘に不審がられました。

エレガンス

そういえば十年も昔のことですが、大変興味深い統計が新聞に載っていました。ＵＡＥ男性が妻に求める最たるものは、美貌でも収入でも、頭脳でも家庭の安逸でもなく、〝エレガンス〟だというのです。男性の教育程度にどれほど差があろうと、収入の差があろうと、年齢が違おうと、部族が違おうと、統計に答えたすべての男性が妻にエレガンスを求めていると書いてありました。

実はその記事を読んだとき、私は座っている椅子から転がり落ちるほどのショックを受けた覚えがあります。十数年前の私といえば、十歳以下の子ども五人を育てる、超忙しいモーレツ母ちゃんでした。鏡を見れば自分の姿はあな恐ろしや。髪は後ろに引っつめて、外出するとき以外は化粧もせず、服はすぐにも洗えるシャツとパンツで、食べ物やらクレヨンやら庭の砂がこびりついています。眼鏡は指紋だらけでよく見えず、自分ではいつ怪我したかわからないまま身体のあちこちが傷だらけ。大きな家なので子どもを呼ぶときはラクダの雄叫びのように大音響を出し、緊急時は追いかけられたキツネさながらに階段を駆け上がります。早朝から育児や家事に追われて、夜にはいつも瀕死のロバほど疲れていました。お茶を一杯飲む時間もなく、友だちに電話する時間もなく、風呂に浸かる時間もありませんでした。外出する目的地はスーパーと学校と病院だけ。化粧して着飾って友だちに会うなんて贅沢は、はるか彼方の天国で味わえる想像上の出来事と同じで、何年もしたことがありませんでした。こんな状態ではエレガンスの欠片《かけら》もありません。「このままでは離縁ものだ」と常々反省し、生活の中にどうにかして優雅さを取り入れようとするのですが、子どもが起きてしまえば、そんな目標は一瞬で忘れてしまいます。

時に忙しさが極限を過ぎると、夫をつかまえて涙ながらに文句を言うことがありました。「私は東京ではうんとお洒落な人間だったのだ」、「綺麗な服を着て、楽しい話をして、誰もが私と友だちになりたがった」、「それが今はどうだ。家族以外の誰とも会わず、二十四時間家から出られず」、「そこいらの労働者よりひどい格好をして、夜には階段を上がれないほどよれよれで」、「友だちなんてひとりもいなくなった」、「どうしてこんな風になったんだろう、人生はなんと恐ろしい所へ人間を連れ去るんだろう」、「それもこれも全部あなたのせいだ、あなたがこんな風にしたのだ」、「私は本当は綺麗でお洒落なのだ。エレガントな人間なのだ」と。

そういう場合、夫は泣いたり怒ったり叫んだりしている私の隣に座り、私の言わんとすることを最後まで辛抱強く聞いて、必ずこう言うのです。

「きみは今でも十分にエレガントな人間だよ」

私はそんな言葉には騙されません。鏡は常に正直だし、私は乱視でもないんだから。どう見たって蹴られて踏んづけられたロバのようによれよれの私を、優美だという気が知れない。

ご機嫌取りは結構だとそっぽを向くと、夫はおかしそうに笑います。

「エレガンスは見た目だけじゃない。アティテュード（生活態度）全体が含まれているんだ。素晴らしい服にゴージャスな宝石をつけていたって、品のない人はいっぱいいる。そんなことはきみだってわかっているじゃないか」

「自分の名誉をしっかり守る。誰の名誉も汚さない。他人をむやみに責めたり追い詰めたりしない。不用意に他人に貸し借りをつくらない。常に相手をリスペクトして、距離を縮めない。そういったこと全体を言うんだからさ。きみは立派にこなしていると思うよ」

ちぇっちぇっと私は首を振りました。そんなこと言ったって、外出しないし誰にも会わないんだから当然です。誰の名誉も汚しようがない。そう答えると、

「それだって、立派にこなしているうちに含まれるだろ。名誉に関しては非常に難しい。失敗しな

いということは、それだけで成功しているという意味なんだよ」

アラブの名誉

こういう言葉を聞いて、私はアラブの名誉に関する認識をいろいろと検《あらた》めてきました。またエレガンスも頭の隅に置いて、機会あらば、人を観察しながらアラブの求める優美とは何かと考えてきました。

それでもすぐに名誉や優美を「ああそうですか」と納得してきたわけではありません。私はチャキチャキの江戸っ子で、言いたいことはスパッと言うし、男女隔てなく友だちがたくさんいたし、面倒臭いことをくどくど言う人間は大嫌いで、噂や風評に縛られることなく、好き勝手に人生を楽しく生きてきた人間なのです。名誉を汚さないなんてクソ難しいことを上手にできるかわからない、だいたいアラブ人が何を考えているのかわからないし、あの人たちの名誉が私の名誉と同じとは限らない、私は自分の長年培ってきた価値観を一日で切り替えられるほど単純な人間ではない、一生変えられない価値観だってあるのだ、と意固地な考えも同時に持っていました。

しかし長年過ごすうちに、自分のざっくばらんで江戸っ子的な考え方が、あるいはこれぞ国際化だとする思想が、他文化において命より大事にする名誉や、金銭や家庭の安逸よりも価値を置くエレガンスを、大した理由もなく批判し無意味に糾弾しているのではないかとも感じるようになりました。

名誉を失墜させない努力は、おもしろいところにも現れます。「まさか～そんなことまで」と日本人が疑うような些細なことでも、アラブ人は決死の努力を払います。

例を挙げれば、かつて私のセンターの生徒で日本に留学したＵＡＥ男子学生がいました。留学したばかりの頃、繁華街でこぢんまりとしたレストランを見つけ、昼食を注文しました。外のボードにはちゃんと昼食セットの写真があって、自分の食べられそうなハラール・メニューがありました。ところが座ってみると、どうも店の様子がおかしい。壁にはたくさんの瓶が並んでいて、水道からは黄色い水（ビール）が出てきます。そこは昼にちょっとだけ店を開けて昼食を出し、夜はバーになる店だったのですが、酒場を見たことがない青年にはそんなことはわかりません。何かがおかしいという恐怖感だけが、じわじわと自分を侵してきます。

結局、怪しい場所に足を踏み入れた恐怖（自分の培ってきた名誉が崩れていく恐怖）から、注文した食事が出る前にお金を置いて飛び出してきたそうです。走って走って駅に着き、また駅から走って走って下宿に戻り、シャワーを浴びてお祈りしました。

宗教上お酒を飲まない国では、人種はくっきりと二つに分けられます。飲む人と、飲まない人と。飲まない人は飲む人に混じってパーティに出席するとか、一緒に酒場へ行き自分だけジュースを飲むなんて器用な真似はできません。最初から場を共有しないのです。だから、この十代の青年にとって、酒場にいることだけでも自分の培ってきた名誉、飲まない人種である家族の名誉を汚すおそれがあり、命が縮むほどショッキングな経験だったのでしょう。

また別の学生は、大学入学時の大事なオリエンテーション合宿に参加しませんでした。夜にお酒が出るという噂があり、先輩に無理やり勧められるかもしれず、遠い合宿所から下宿に帰るわけにはいかないので、二の足を踏んだのです。

またアラブ人は人前で着替えたりシャワーを共有する経験がなく、プライベートな生活部分を見たり見せたりすることを恥と考えます。そのため、大部屋で就寝する決心がつきませんでした。しかし大学側は、単位の取り方などを細かく説明するための合宿なので、必ず参加するよう通知し、不参加だった学生への追加説明はありませんでした（そういう結果になっても、参加しなかったことを決して後悔しないのがアラブ人である）。

こうした学生たちだって二、三年も滞在したら、次第に慣れ、お酒の出るパーティに（自分は飲まないまま）参加できるようにもなるし、電車で女性の隣にも座れるようになります。日本でのありふれた行為が必ずしもＵＡＥでの名誉を汚すわけではないと納得するからであって、そこに至るまでには多くの葛藤と困惑があり、時間も必要です。

日本人の考える名誉

反対に、私がＵＡＥで勉強会を主宰して、日本人の駐在夫人にアラブの文化・習慣を教えていたときの話です。

ＵＡＥの街にはたくさんの庶民向けの商店があり、客がすれ違えないほど小さい構えの店もあります。そうした店で買い物するとき、女性は決して店内には入りません。必要なものを電話で注文して家に届けてもらうか、あるいは外に車を止めてホーンを鳴らし、店員が車まで注文をとりにくるのだと説明しました。狭い場所に男女が入る状況を避ける配慮と、そうした場所には最初から足を踏み入れない礼儀が男女双方にあるのだと説明すると、多くの参加者が驚きました。

「そうだったんですか。てっきりＵＡＥ女性は傲慢だから、車を降りずに、外国人従業員を顎《あご》で使っているのだと思っていました」と。これではせっかく名誉を大事にしているアラブ女性への偏見です。私の方が驚きました。

そういえば、こんなこともありました。

私の家の近所には、日本で数年暮らしたことのあるパキスタン人が工具店を開いています。あるとき息子と店に行き、日本語で話しながら工具を選んでいたら、「あなたは日本人ですか」と店主に話しかけられました。

そうだと答えると、彼は「こんな町で日本人に会えるとは思わなかった。嬉しいです」と興奮して話し出しました。そのときは息子がいたので丁寧な話しぶりで、かつて自分は日本に住んでいて、商売が上手くいって日本を離れたくなかったけれど、家庭の事情で仕方なく離れて、ＵＡＥで儲けたらまた日本へ行きたいというようなことを、店主は夢中で話しました。

その次に、どうにもならない急用ができて、私ひとりで同じ店に行きました。工具店なんて女性の入る場所ではないから、店が広くても普通は車から降りないのですが、そのときは他商品と比べる必要があったので（店員はアラビア語しか話さず細かいことは通じない）、仕方なく店の入り口まで足を踏み入れました。

私を見つけた店主は「あぁお元気ですか」と始まり、「自分は風邪を引いてしばらく店に出なかった」と日本語で言いました。親しく会話するつもりはないので、私は商品を選びながら黙っていました。

しばらく病状を話すと、店主は反応のない私に向かって親しげに、「ねぇ、もっとちゃんと（自分のことを）心配してよぉ」と言いました。彼としては、日本語で覚えた客向けの常套句を言ったつもりでしょう。日本ならば気のいいお客さんが「あら、このガイジンさん面白いこと言うわね」と感じる表現かもしれません。しかし、アラブ人の妻に言うのは厳禁です。そんなことを聞いたらアラブ男性はいきりたって「自分のワイフに何を言うんだ。何でワイフがお前の心配をしなきゃいけない」と怒鳴りつけるでしょう。

実際、家でその話をすると、工具店に入った私に夫はひどく怒りました。工事を請け負う労働者しか入らないような店に女性が入るから、店主は馴れ馴れしい言い方をしたのだ、あんな店に足を踏み入れたきみが無用心だと。

物事の優先順位

私はそこで反論します。

「だって水道が壊れちゃったんだから、部品を買わないと水が使えないでしょ（脱塩水のせいで蛇口はしょっちゅう壊れる）。水がなきゃ洗濯はできないし、早く直さないと昼食の用意が間に合わないじゃないの」

しかし夫はひるみません。

「洗濯物は何日でも待てるだろう。昼食だって外から注文すればいいんだ。きみが工具店に足を踏み入れたことのほうが、ずっと重大問題で名誉にかかわる」と。

そこで私はバカバカしいと鼻息を荒くします。工具店で部品を買うことがいちいち名誉に関わるなんて、なんて面倒くさい社会だろう。私の目的は水道を直すことなのだ、親父に話しかけることじゃない。親父はたまたま店にいて、この機会に忘れかけた日本語を話そうと試みただけじゃないか。日本ではこんな風にしゃべるとお客さんが喜ぶと、日本の基準で考えていて、アラブの基準で考えていたわけじゃない。そんな言い方をしたらアラブ人が怒ることさえわからないバカ親父なのだ。親父がバカなのは私のせいじゃない。それに、こんなにしょっちゅう壊れる水道が悪い。名誉って、水道を直すのに名誉が関係あるもんかと。

しかし形勢は私に不利です。私の住むＵＡＥの田舎社会には、厳然とした名誉の概念があって、由緒正しい女性は足を踏み入れない場所があって、目的がどれほど利便性（水道を直したら滞りなく洗濯や料理ができる）を追求していても、その過程に名誉が汚されそうな点があれば、最短距離で着くべき目的地ではなくなってしまうのです。それくらいなら、何日も水道が使えなくてもそのままにして、何回だって外に食事を注文して、息子か夫が時間のあるときに工事屋を呼んで、男性の監督下で修理させるのが正当だと考えます。それが名誉を汚さない一番安全な方法だからです。

しかし、そうした細かいこと（女性が工具店に行かない、女性だけの家に工事人が入らない、そのためいつまでも壊れたまま）が二十年来どれだけ私の怒りと焦燥を買ってきたか、説明しきれるものではありません。家の物が壊れるたびに、私は自分が大学で文学なんか勉強しないで、左官屋か水道工事屋で修行を積んでいたならば、どれほど早く修理が済んで、どれほど精神が安定していたかと考えることさえあるのです。

でも、私は名誉に関しては絶対に口を出さないと決めています。それは、夫が生まれたときから注意深く培って育ててきた名誉を、私の「なーんて面倒くさい」という気持ちひとつで壊してはいけないと思うからです。また結婚したばかりのときに、この点に関しては特に注意してくれと夫に約束させられました。

名誉がもたらすもの

その夫の築いてきた名誉があるからこそ、私は人妻となって以来、ＵＡＥ人に侮辱されたことはほとんどないのでした。

結婚当初、「アジア人の嫁」という先入観だけで、むやみに攻撃してくる女性たちがいましたが、男性からは（めったに一緒にいることはなかったからか）侮辱を受けた記憶はありません。どちらかといえば、主婦なんて自分よりも格下だと信じる日本人ビジネスマンや外交官が、見ず知らずの私に平気で侮辱を加える方が遥かに多かった記憶があります。アラブ通だと自認する日本人でも、他人の妻（所有物であり財産）に礼を尽くすのがどういうことか知らず、夫を怒らせたり呆れさせたりすることは頻繁にありました。相手がアラブ女性なら決して言わないことでも、アラブ人の妻である日本女性には平気で言えるのです。一度言われてしまえば、いくら謝罪されても記憶には残るのですから、アラブ社会にいる限り、どんな場合にも相手の名誉を汚さぬ礼儀を身につける訓練は必要です。日本社会のように、年齢や性別や地位のもたらす「権威」が場を仕切ると考えてはいけません。特に、アラブのような女性を財産として遇する世界では、権威をふりかざすのは最も下品であることを忘れてはいけないのです。

エレガンスと名誉の関係を考えていたら、アラブ世界ではこの二つのものは切り離せないのだと気付きました。お金を持つのは難しいが、名誉を身にまとうのはもっと難しい、エレガンスを身につけるのは、さらに難しいとなります。はるか昔に新聞記事を読んだ私が、どうにかして身にまといたいと願ったエレガンスは、どうやら一番得がたいもののようです。

アラブ・イスラーム社会の名誉とは、「世に名を馳せること」といった定義しやすい、わかりやすい要素ばかりではありません。私たちが想像する以上に内的要素が大きく関わっています。きちんと金曜礼拝に顔を出す、毎年正しく計算して喜捨をする、常に困っている人を助ける、家族を大事にする、貧しい人からは決して奢られない、ラマダーン中は断食する、酒を飲まず、行為に見返りを期待しない、またＵＡＥでは特に異性に媚びない、異性にスキをみせない点も非常に大事です。つまり長い時間と行為の蓄積が必要で、それなのに「失敗しないだけでも成功」とされるくらい、いとも簡単に汚されやすいのです。

酒を飲んでいる人と一緒にバーに座れば、自分も同じカテゴリーに入ってしまいます。「がんばって」と異性の肩に触れただけで侮辱したことになるし、人前で誰かの陰口を言い始めたら、言わない人間は周りからさぁっといなくなってしまいます。見知らぬ男性が家の門をくぐれば近所の猜疑心が渦を巻き、夫の家庭管理能力が問われます。血縁のない異性と車に同乗したらもうお終いです。だから常に細心の注意を払って守っていくしかありません。

では、それにも増して得がたいエレガンスとは、どうやって身につくものなのでしょうか。

私は娘の学校に来た警官を見てホレボレしたと書きました。警官をエレガントに行動させる学校システム全体も、神経が行き届いていると感心しました。ぴたりとおしゃべりを止めた生徒たちも、質疑応答の間にも決して距離を縮めなかった母親たちも、非常にスマートでした。また、懸命に練習されたクルアーン朗誦も創作詩も、美しい幸福感に満ちていました。そのうちの誰一人として大金持ちでもシェイクでもないし、豪華な服やカバンや装飾品で飾っているわけでもありません。十年前の私は頑なに拒絶していましたが、夫の説明通り、エレガンスはそんなものではないのです。

エレガンスとは、名誉をいかに美しく守っていくかの姿勢で決まります。何ごともさりげなく、用意周到に、スキを見せず、個人あるいは社会全体で名誉を育てていくことでエレガンスは養われます。個人の好き嫌いや権利や自由といったものを脇にのけて、まずは社会の規範に応えていく姿勢、そのために余計な手間や手続きが必要となっても、敢えてその面倒や、それにかかる時間や、さらに遠い道を選択する人間でなければならないのです。

夫が挙げた点――自分の名誉を守り、他人の名誉を汚さず、他人との距離を縮めずに、貸し借りをつくらない――をあからさまに行うことは、無粋で嫌らしく品を下げます。利便性や効率を声高に唱え文句たらたらで規範を守っても、エレガンスは身につきません。常に感謝の気持ちを持ち続け、自分や社会を律していくことによって、エレガンスは自然と向こうからやってくるものらしい。

失われていく名誉

それにしても私の心を沈ませるのは、日常生活の優美が、たくさんの中東の町から失われつつあることです。クルアーンを美声で朗誦したり、詩を披露したり、名誉を大事にするエレガンスは、中東のどんな小さな町にでも存在していたはずです。時代がどれほど変わってもイスラームの教義は変わらないから、*十四世紀も連綿と続いてきた美と価値観です。私の住むＵＡＥの田舎町にあったように、どんな田舎にだって小さく美しく存在し、地元の人間を幸福にしていたはずなのです。

そんな小さな幸福が、長引く政治的混乱や戦闘で、中東の多くの町から消えてしまいました。

中東には中東の人々が価値を置く優美があって、他の多くのもの（政治的な自由や個人の好き嫌いなど）を犠牲にして守り抜いてきた歴史があります。いつの時代も誰だってすべてのものが手に入っていたわけではありません。その時代その時代に、手に入るものと、代わりに差し出さなければならなかったものがありました。それでも、何かを我慢しながら別の美しいものを許されている幸福感があったはずです。自分以外の世界の犠牲によって、より多くを手に入れてきた先進国の人間は、他文化に対する無理解と偏見と優位性を振りかざして、他世界が危うく持っているものをさらに奪おうとします。

私はＵＡＥに長く住んで、自由と平和と安逸を心から感謝しながら、同時に、これらを得るために犠牲にしている多くのものがあることを知っています。犠牲を特筆して、その根元でたどりつくかもしれない政治・経済の在り方や、人間の生き方を批判し、人々やメディアを動かして、いっときは犠牲を取り戻せるかもしれません。出来たとしても、反対に多くの大事なものを喪うことも予測できます。

私が娘の学校で味わった美しい光景もそのひとつかもしれません。他国が最も価値を置く個人の自由や表現の自由をあまり持たない代わりに、まわりまわって、私は学校で美しいクルアーン朗誦を聴くことができるのかもしれない。韻をリフレインして盛り上げる生徒を応援することも、エレガントな男性の視線にホレボレすることもできるかもしれないのです。同年代の男性と同じ場所でわいわい語る機会がない代わりに、誰からも侮辱を浴びることなく人妻として安逸に暮らせ、日常生活を営むだけでつつましい名誉を勝ち得ることができ、お酒を見たこともない社会に住んでいる代わりに、お茶を飲んで何時間も楽しく笑って過ごせる夫を持っています。そこに、他国の価値観で批判される必要があるのでしょうか。私の持っていない自由を、私の代わりに声高に唱えて、私に持ってきてくれる人間が必要でしょうか。私が頼んでもいないのに。

他国のエレガンスを知ることは、実に多くのことを教えてくれます。エレガンスを得るためにその世界には何が必要で、どんな生活態度を守り、どんな努力を費やし、またどんな犠牲に甘んじているるか、理解するのは意味あることです。

エレガンスの定義も（昔の私が考えていたように）世界にひとつではないと知ることも大切です。先入観だけで語られるベール着用や、黒いガウンや、男女別々の席や、禁酒や、世襲制の中央政権といったものは、本当はその裏側に美しい価値観を保護しているかもしれないのです。貧しい時代を集団で切り抜ける知恵を育んでいるかもしれない。厳しい礼節を強いることで異性を貶める機会を与えないのかもしれない。分裂しようとする人間同士を、主義主張を許さずに連帯させているのかもしれない。人間を自殺に追い込むほどの無理な平等精神や排他主義を、社会にはびこらせぬよう

＊　神の言葉を伝えたクルアーンは千四百年間、一字一句違わない。

計らっているのかもしれない。
他国の価値を知ることによって発想を転換するのは、これからの世界を生き抜く大切な知恵です。大事なことは、他人が大切にする価値を一方的に独断的に評価しないことです。そして、私たちが今日手の中に持っているものの価値を疑って、簡単に手放してはいけないことです。失くしたとき初めてどれほど価値があったかわかるなんて、愚かな行為です。失くさないで大事にして育むことは、さらに難しい。それほどエレガンスは得がたく、失われやすく、だからこそ美や幸福をたくさん包んでいるのだと思います。

私の住む田舎町の小さな美しい幸福のお裾分けが、皆さんへうまく届いたでしょうか。
遥か遠い世界の出来事だと想像力を放棄しないでください。想像力はほんの少しの勇気を必要とするだけです。中東の小さい町の学校で、先生に叱咤激励されながらクルアーン朗誦を練習する小学生、鉛筆を齧《かじ》り齧り詩作に頭を悩ます中学生、腕を組んで身体を揺らせながら楽しそうに韻をリフレインする女子高生たちの姿が、遠い日本まで、幸福の波長を運んでくれることを願っています。

（二〇一四年十二月）

第二章

アラブからみた日本人

細部まで美しい細工をほどこす日本の文化

変化のあと

2011年 東日本大震災

世界を駆け巡ったメール

二〇一一年に起こった東日本大震災のあと、三週間くらいしてから、アラブ・イスラーム圏の国々に広範囲にひとつのメールが流れました。アラビア語で書いてあるメールのタイトルは、「我々が日本人に学んだ十のこと――日本が経験した大惨事から」

興味深い内容なので列挙します。

十項目のうち、最初に挙げられていたのが「**冷静さ Staying Calm**」です。「民衆はパニックに襲われなかった」と短い説明書きがあります。マグニチュード9の大地震がきてパニックに襲われない国民がいるとしたら、世界では日本が筆頭ではないでしょうか。小さい頃から誰もが地震の怖さを教えられ、対処法や避難先を頭に叩き込んでいることが大きな理由です。さらに、地震後に暴動を起こしたり、二次災害を引き起こす人がいませんでした。あれだけの非常時に、「そんなことしても事態を悪くするだけだ」と理性が働く国民は、世界にそうそういません。こういう冷静な判断ができるのは、長い歴史の中で、国民全体に広く深く教育が与えられてきた成果だと思います。さらに、穏やかな気候で育った民族の特性といえます。

自然と闘わなければ生きてはいけない環境の人間は、感性や理性や情は二の次にして、生き残りに命を懸けます。社会や秩序は一人ひとりの生存競争の中では、それほどの価値を生み出しません。温暖な自然に培われた日本人の性格は大事な要素だったはずです。あの大惨事の中で国民が理性や秩序を失わずにいたことは、世界中の報道機関を通して褒め称えられました。

二番目は「**尊重　*Respect***」

民衆一人ひとりが、他人や社会秩序を尊重しているという意味でしょう。説明に「人々は水や食べ物をもらうために、きちんと列をつくって並んだ」とあります。実際にテレビで日本人を見ていて、偉いなぁと思いました。命からがら逃げた人、劇的なトラウマを抱えた人が食料の列に並ぶのは、肉体的にも精神的にも大仕事です。大変な抑止力を必要とし、なかなか出来ることではありません。つい数日前に阿鼻叫喚をくぐってきた人たちが、並んでお辞儀をしながら食料をもらっている姿は感動的でもありました。

と同時に、国民は政府に対する絶大な信頼を持っているのだと納得しました。取り乱さずに列に並べるのは、「最後のひとりまで必ず食料を提供してくれる」という暗黙の信頼があるからです。もらえる保証がなければ、列の後半にいる人は気が気ではないはず。「国は国民を見捨てるはずがない」という絶対の安心感があるのでしょう。

先年、国の三分の一が洪水になったパキスタンや、大旱魃《かんばつ》に襲われたインドで、国際救援隊がトラックやヘリコプターから食料を投げ落とす様子が報道されました。飢えた民衆は我れ先に受け取ろうと、大人も子どもも形相を変えて配布食料に群がりました。その姿は人間の究極の本能を表しており、可哀想だと思うと同時に恐ろしくもありました。あれだけ必死になるのは、今とらなければ死ぬまで食料を配給してくれないという恐怖のどん底なのか、出来るだけ多く取って避難民の中でも優位に立とうという意思なのか。それにしたって、世界のどの避難民シェルターでも供給に限りがあり、最後のひとりまで食料が行き届く保証はありません。もともと国が貧しければ、避難民だけでなく一般市民にだって、平時でさえ食料がないわけですから。

自分なりに想像してみても、アフリカや西アジアの避難民シェルターで食料を待っているとしたら、やっぱり私でも（体力があれば）最初のトラックに飛びつくだろうなと考えます。しかし日本のシェルターだったら、心配せずに順番を待てると思う。何だかんだ言っても、国民は日本政府を（あるいは民間の善意を）、無条件に信頼しているのだと感じました。

この地震で、日本人とは究極の本能を抑止できる精神を持った国民であり、日本という国家は、その期待を裏切らずに国民を守ってきた国だと証明したような感じです。これはひとつの国力だと思いました。

三番目に書かれているのは、**「優秀さ　*Ability*」**です。

ここでは建物の耐震構造について言及しています。「地震で揺さぶられても、崩壊した建物はひとつもなかった」と。実際には、窓ガラスが割れたり壁が落ちたりしていますが、崩壊した建物は見つかりませんでした（といっても、大津波で流されてしまったのかもしれませんが）。日本は地震国であると同時に、モノづくりにおいては卓越した国なのだと世界に証明しました。

先日、スペインでマグニチュード5・1の地震があり、歴史的な街に建っていた半数以上の建物が崩壊・部分破壊したのと対照的です。日本はマグニチュード9の地震が何度も来たって、あんな昔に造られた法隆寺はゆるぎないし、奈良の大仏様も座ったままです。日本の技術は素晴らしい。この優秀さを現在の国際経済に活かしきれていないのがまったく残念です。

四は**「慈悲心　*Mercy*」**

「民衆は、自分や家族が今日必要なものしか購入しない。他の人に分け与えるために、買い溜めをしないのだ」とあります。

これも教育の賜物でしょう。平等主義を誇張し過ぎた戦後教育を、私も含め批判する人は多くいますが、実際の生活に平等思想を適応させていくのは、人間社会では実に難しいことです。かつての共産主義の国も含め、世界中でまったく成功しませんでした。

それが日本では結構広く行き渡っています。これは戦後教育だけでなく、鎌倉時代あたりから始まる武士道精神が大きく影響しているのかもしれません。お金がどれほどあろうと、物がないのだから分け合うしかない。さっきまで隣に住んでいた人を飢えさせて、自分だけ溜め込んだって仕方ない。そんなことはお天道様が許さない、という感じでしょうか。

日本は先進国の中でも、比較的、貧富の差が少ない国だそうです。バックグラウンドが似通った国民が住みあう環境だから、平等主義も理解されやすいのでしょう。しかし、わずかな食料を分けあう相手が、見ず知らずの外国人だったらどうなるでしょう。その人が大食漢で体も大きく、人の倍量食べたらどうでしょう。男性の分まで女性が取る権利を持っている（あるいはその反対）と信じている国民だったら、どうなるでしょう。また、せっかくあげた食料を、宗教的あるいは主義の違いで捨てられたりしたら、あげた人は我慢できるでしょうか。

要するに、ひとり一個のおにぎりで満足できるくらいの平均的な体つきで、お金で不可能を可能にしてこなかった平均的な所得であることが、平等思想を守れる大事な要素だったのかもしれない、などと想像力を働かせました。

五は「秩序　Order」で、説明は結構具体的です。

「お店から略奪する人がいない。道路では赤信号を無視したり、警笛を鳴らして爆走するような車がない。誰でも、お互いの現状を理解しようと努めている」

お店から略奪する人がいないのは、正義を重んずる倫理観と、他人に対する道徳心がベースにあるからだと思います。

考えてみれば、自然災害が起こるたびに暴動を起こして略奪するのは、人間という種族だけです。大災害がそれを許すと勘違いしています。自分はこんなひどい目に遭ったのだから、ここまでしたって当然だという気持ちがある。この混乱に乗じて得をしなければ――というセコイ考えが、動物より立派な頭脳に組み込まれているのが人間です。米軍のイラク占領が始まったときは、あの有名なバグダッド博物館の世界の国宝が空っぽになってしまいました。それが何年もたって、UAEやサウジのブラックマーケットで堂々と売られているのだから、当事国のイラク人やアメリカ人だけでなく、安泰な国のバイヤーも倫理観のないことを証明しています。また、今回のエジプト大統領の放逐で、あのゴミ箱のようなエジプト国立博物館から、同じように世界の国宝がいくつも無くなったと聞いています。中国の文化大革命では、盗むというよりは思想上の理由で国宝を破壊してしまいました。そんなことは大混乱のさなかでは当たり前に起きると、世界のどの民族でも考えている節がある。でも日本人は違います。素晴らしいことですね。

「警笛を鳴らして爆走するような車がない」と書かれているのもおもしろい。だって、災害現場は車も道路も何もかも消えてしまったんだから、警笛を鳴らして爆走する車があるわけないのです。つまり、うんと離れた町でも、そうした車がなかったのでしょう。

地震当日の報道では、「こんな大惨事の直後なのに、人々は信号を守っている。赤になれば止まり、青だと歩く」と驚愕していました。

一九八五年、十万人が亡くなったというメキシコ大地震の翌日、私はホームステイしていたメキシコ人家族と一緒に車に乗っていました。交差点で止まると、窓から見ていた高い街灯がいきなりグウンと歪み、地面にくっつくまで左右に揺れたので、視覚がおかしくなったかと思いました。直後、大きな余震がドカンときて人々はパニックに襲われました。車という車が、信号を守るどころか警笛を鳴らし続けながら、交差点にめちゃくちゃに突っ込んでいきました。窓から手を出して怒鳴り合い、入り乱れた交差点をギリギリで抜けきり、死ぬ思いで家にたどり着いたのですが、地震よりも交通事故で死ぬかもしれないと思いました。このメキシコ人家庭は教育程度も高く上層階級だったのに、このような有様でした。

「誰でもお互いの現状を理解しようと努めている」とありますが、あのような津波の映像を見たら、あんたのうちは助かってうちはダメだったという境界線は、神様しか引けないとわかっています。誰も責める相手がいないし、気軽な慰めやシンパシーなんて役に立ちません。人間の力をはるかに超えた自然災害だったのだから、悪の震源地がないのです。今は福島原発の放射能漏れを起こした電力会社が悪の震源地のようになっていますが、当事者にしてみたら、千年に一度くらいの頻度で起こる地震に自分が遭ったという悪運を、よくよく呪っていることでしょう。

六は「自己犠牲の精神　Sacrifice」

福島第一原発の原子炉に残って、眠らずに海水を注水している五十名の作業員たちを褒め称えています。「いったいどうすれば彼らにお返しが出来るだろうか」と。

これは、欧米のメディアでもたくさん取り上げられ、世界中の人が驚きと尊敬と畏怖の念でとらえています。どの国のどんな人間でも、なかなか出来ることではありません。電力会社の社員として責任感から残ったのか、日本人として日本を救うために残ったのか、あるいは会社に有無を言わせず残らされたのかはわかりませんが、結果は同じ「日本を救っている」ことに変わりはないのです。彼らの健康状態が原発収拾後にどのようになるのかはわかりませんが、この人たちを日本政府が見捨てたら、日本という国の評価は世界最貧国より堕ちてしまうでしょう。世界はみんなこの人たちの行く末に注目しています。

また、この問題は多くの国の多くの人間に、「自分なら出来るか」という問いを投げかけました。

夫が「僕だって自分の国がそうなったら、現場に居残るだろうな」と言うので、愚かな私はそこで初めて自分に当てはめて考えました。

「そんなこと言わないで。うちの家族の大黒柱はあなたしかいないんだから。まだ下の子は小さいし、私だって、ここで一人じゃ生きて行けないよ」と、世界中の家庭で言い尽くされたに違いない言葉を立て続けに言いました。

「それなら誰がＵＡＥを救うんだい。自分の番が回ってくるのはすぐだ」

確かに。人間の運命とは誰もわからないものです。明日、不慮の事故で消えてしまうかもしれない。もともと人口はほんのちょっとしかいないんだよ。年寄りと未来の世代を残したら、自分の番が回ってくるのはすぐだ」

確かに。人間の運命とは誰もわからないものです。明日、不慮の事故で消えてしまうかもしれないし、病気になって世話される側になるかもしれない。地震と津波で何十年も前に造った建造物が壊され、責める相手を見つけている時間はない、誰かが今すぐやらなければならないとしたら、どのような理由をひねり出してみても、子どもを産み終えた世代の順番が先なのです。

答えられない問いを突きつけられれば、そもそものような選択を人に迫る事態に陥らないようにすることが、国の最も大切な方向性になってきます。だから、原発について世界中が見直しを図っているのでしょう。なにしろ最近の世界気象・自然現象は、人間の予測や想像の範疇を超えています。どんな自然災害が襲ってきても「自己犠牲」の選択を迫られない体制にもっていくしかないのだと思います。

それにしても、この「自己犠牲」の精神について、福島原発の事故以来、ＵＡＥの多くの人に本当によく訊かれました。いったい宗教心の厚い国でもない人たちが、どのような精神からこのように身を犠牲にできるのかと。

答えはひとつしかありません。「自分の国だから」

そこで私はＵＡＥの原子力開発について考えました。ＵＡＥのようにバックグラウンドの違う人たちが、モザイク国家として生きている国は、自己を犠牲にしてまで救うべき国家を持たない人間の集団です。全人口の八割強という異常な数字を占める外国人の中で、ＵＡＥのために命を犠牲にする人はまずいないでしょう。実を言えば、残りの一割、九十万人いるＵＡＥ国民のうち十パーセントくらいだって、移民が便宜上ＵＡＥのパスポートを持っているだけの数字です。彼らにとってＵＡＥはベネフィット（利益）を受けるだけの国で、自分がベネフィットを与える対象ではありません。人口が八百万いる国で、本当の国民が八十万人くらいしかおらず、そこから女性、子ども、年寄りを抜いて自己犠牲の候補となる人口が、いったいどれほどいるのでしょうか。

だからこそ、ＵＡＥで原子力発電を推進する危険は大きく、何かあったら九割の国民が、あっという間に国を捨てて逃げてしまうことを計算に入れていないといけません。一割の国民が自己を犠牲にしてまで国を支える覚悟、国力がないなら、原子力を進めるべきではないのは明らかです。

七番目は「親切心　*Kindness*」

説明書きに場所は特定されていませんが、「レストランは自腹を切って値段を安くしている。ＡＴＭマシン（現金自動預入払機）が壊されていない。力の強い人が弱い人を助けている」と説明されています。

機械が壊されていないというのは象徴的で、お金の入ったマシンが平時でさえ壊されてない国は世界でも珍しいのを、当の日本人が気付いていていません。日本にいるとあまりにも当たり前で、「どうして機械が壊されるのだ」とかえって疑問を持つ人の方が多いでしょうが、世界とはそんなものです。公共のものが破壊されない社会をつくるのは、出来るようでなかなか出来ないことなのです。

私の三男が、日本の田舎へ行くといつも不思議がるのは、

「農家の前に変な形の野菜やフルーツがよく売られているでしょう。ひと袋百円とか書いてあって、そばに箱があるだけなのに、本当にみんなお金を入れるの？　袋だけ取っていかないの？　だって誰も見てないいんだよ。そんなところにお金があったら、誰だって取っちゃうじゃない」

さらに息子は、

「取ってくださいと言わんばかりの無人の店に、お金を置くのは不用心だ。そんな風に人の良心を試す店はよくない」と言うのです。

私は、

「単純なことでしょ。形の悪い野菜や果物を流通に乗せることは出来ないから、お金と労力のかからない無人の店で売っているだけじゃない。なにもその店できみの良心を試しているわけじゃありませんよ。買いたかったら買う、いらないなら放っておく。それだけ出来ればいいのよ。お店の人がいてもいなくても同じ」

でも息子にはなかなか理解できません。それは、私が息子に倫理を教えなかったからではなく、息子がイスラームの倫理観を学ばなかったからでもなく、社会全体に倫理が浸透しないから実感できないのです（なにもＵＡＥだけではない。ＵＡＥはアラブ社会では倫理的には優等生です）。

八は「**訓練　*Drill***」

地震訓練により、どんな小さい子どもたちでも災害時にはどうするかを理解していたことは、パニックを回避する一番の方法だったと説明されています。何も考えなくても体が動くのは重要です。最近になって、ＵＡＥでも地震が来るようになりました。イラン南部の地殻プレートが揺れて、地震が起きると、アラビア湾のこちら側にも伝わってくるのです。高層ビルが林立するドバイでは、マグニチュード2の地震が起きても、みんなパニックになって高層ビルから駆け下りてきます。そして何時間たってもビルの下でうろうろして、なかなか戻りません。中にいても、外のすぐ下にいても、危険度は同じようなものなのに。

確かにあれだけ高いビルにいれば、小さい地震でも怖いだろうけれど、ちょっと大袈裟じゃないかと思ってしまう。人々はピリピリしてすぐ暴動になりかねません。ＵＡＥのような労働者の入れ代わりが激しい土地だからこそ、地震や火災の訓練は定期的に必要なはずなのですが。

九は「**メディアの姿勢　*Media***」。これは、賛否両論あるでしょう。

賛の方は、「日本のメディアは現状を膨らまして報道しなかった。人々を恐怖や怒りに煽り立てず、淡々と事実だけを流していた」という説明書きがぴったりです。

どの国のメディアも事件性を膨らませてセンセーショナルに書くのが昨今の状況ですから、これは非常に立派な報道精神です。地震当日から、CNNでもBBCでも地震の報道は正確・不正確あわさってセンセーショナルを極めていました。あんな風に言われたら、「これから日本はどうなるのだ」という不安で胸がいっぱいになってしまいます。災害の現状だけ見ても、人間の想像の範疇をはるかに超えた苦しみが溢れているのに、報道ひとつで人間の心理を簡単に操作できるのだと感じました。

否の方は、もうすでに日本のメディアでも叩かれ、それこそ世界中のメディアで問題視されているように、政府がきちんと情報を流していないこと。日本人はなぜか政府の報道を鵜呑みにする傾向があり、本当ならあれほど教育程度の高い国民がこんな話を鵜呑みにするはずがない、と思うような内容までですっかり信じてしまいます。

歴史的にみて政治的な抑圧・国民統制が長かった土地の民衆は、メディアを信じない傾向があり、書かれた記事の裏の裏を読み取る能力を培っています。しかし、こと日本人に限ってはその能力はあまり育っていないようです。

十は、「**良心　*Conscience***」。その説明が具体的です。

「お店で品物を買おうと並んでいた人々が、停電になってレジが使えなくなると、持っていたものを棚に戻した」とあります。つまり、欲しい物を実際に手に持っていながら、停電ではレジの記録が残らずにお店が困るだろうから、仕方なく買うのを諦めたというのです。小さな自営店ならば、蠟燭《ろうそく》を灯して手書きで領収書を書けばいいけれど、大きなスーパーは困るでしょう。「盗んだってわかりゃしない」と人々は考えず、欲しいものを諦めて棚に戻しました。

これは現実に自分の目で見たら、驚くべき人間の抑止力です。私だって出来るかどうかわからない。どうしても欲しい物を手にしながら、それを待っている家族がいながら、手ぶらで帰らなければいけないのですから。棚に戻す理性は、あの大災害時を考えたらやはり素晴らしいでしょうね。

そしてこの十項目の結論は、こうです。

「これこそ、ムスリムの本来あるべき姿である。しかし日本人だけが、ムスリムでもないのにそれを世界で守っている。まったく日本人は世界の一級市民だ」

このメッセージは日本人として、とても嬉しく思いました。夫のアドレスにも私のアドレスにも何度も重複して送られてきたことを考慮すると、世界中のムスリムや、アラビア語を話す人たちが、「これは本当のことだ」と感じて転送しているのでしょう。

世界中でこのメールが回っているなら、日本人の評価は悪くない。悪くないどころか、世界のどの国でも持とうと努力しながら決して持てないもの、ありったけの教育費を費やして、ありったけの知識人を詰め込んで、それでも何世紀も持てないものを、日本人は持っていることになります。

それは「民衆の倫理」です。個人の倫理観ではない。集団になったときにも機能する倫理です。こうした日本人の素晴らしさを、災害時だけでなくもっと日常で世界にアピールできたら、といつも思います。それは経済的な繁栄とか、最新技術テクノロジーを遥かに超えた貴重なものです。哲学的な思想的な人間の姿、生き方を輸出することです。

経済繁栄などは人口に大きく左右され、法律に左右され、それこそ今回のような自然災害にも大きく左右され、世界中の経済難民が移動して常に流動的です。また最新技術の輸入や輸出も、いずれは右肩上がりのどこかの国が、トップの座に取って代わる運命です。武士道精神、倫理観は、鎌倉時代から千年も続いている日本人の精神ですから、今後はそうした精神を宗教や教育に含ませて世界に紹介していけるよう、日本の教育テクノロジーを方向修正していってもいいかもしれません。

日本は世界に誇れるものをたくさん持っています。どれほど価値があるか認識しないほど当たり前に、自然に、貴重なものを持っています。これは戦争で負けようと、経済が長期にわたって低迷しようと、「ゆとり教育」で子どもの教育程度が一時期がっくり下がろうと、首相が毎年代わろうと、決して他国に取り上げられるものではありません。

このエシックス（倫理）が世界で最も貴重なものになる日は遠くありません。自然災害がアメリカを始め、東南アジア、オセアニア、西アジアを襲い、政治的混乱が北アフリカ、中東諸国を襲い、中国ではインフレが激しく、ヨーロッパでは経済格差がギシギシ音を立てて団結を歪ませています。そんな時に誇り高く、地道に助け合って生きていける民族がいることは、まったく世界の救いです。

こんなことを地震のあとに考えていました。

（二〇一一年五月）

得手、不得手

砂漠を延々と歩いても怖くないとはどういう心理だろうか

単純作業

先月、私の主宰する文化センターのお正月のイベントがありました。

毎年参加者に小さなプレゼントを配るため、今年は小さなメモ用紙とポストイットのセットを用意しました。三つ折りにした厚紙の中にメモ用紙がくるまれていて、表紙に文化センターのロゴマークと集合写真、それをめくると昨年の活動写真がたくさん載っており、裏表紙には今年のカレンダーが印刷してあります。

ところが印刷が始まったあとに、印刷所から「糊をつける機械がないからポストイットは出来ない」と言ってきました。ポストイットとは、裏に糊がついていていてどこにでも貼り付けられるメモ用紙です。ウンムアルクエインの小さな町工場には、糊を貼る高度な機械はないそうです。「印刷が始まってから、そんなことを言い出すなんて」と私は呆れましたが、いちいちそんなことで腹を立てていたら、アラブでは何の仕事も出来ません。

「困ったわね」と返事して、仕方なく、中央部分には糊のないただのメモ用紙を用意させ、左半分は空っぽにしてもらいました（もちろん、値段はうんと負けさせた）。どうせ百部しか作らないし、ポストイットは別に購入して、空の部分に自分たちで貼り付ければいいと考えたのです。物さえ揃っていれば、切って貼り付ける作業なんて三十分くらいのものでしょう。

大学を卒業し、勤め始める前で時間のある長女が、その準備を手伝ってくれました。

作業は簡単です。娘と私は机を真ん中に向かい合って座り、床に百部の印刷物を並べました。右表紙の内側にあるメモ用紙はすでに印刷所でつけてあります。左表紙の内側、空の部分に、購入済みのポストイットをつけていくだけです。折った表紙はハガキ大で、空いた部分の上部に大型ポストイットを貼り付け、次に下段に中型ポストイットを貼りました。

私の仕事は、七色綴りの小型ポストイットを二色ずつに切り分け、中型ポストイットの横に糊で貼り付けること。切って、貼る、それだけです。

二人でおしゃべりしながら仕事はどんどん進み、ものの三十分で半分以上終わりました。

積みあがった表紙を見て、長女がふと笑います。

「どうしたの」

手を休めずに訊くと、小さなクスクス笑いからとうとう声を出して笑い始め、なかなか止まりませんでした。

しばらく笑った後、ひと息ついてから娘は言いました。

「こういう単純作業をアラブ人はぜんぜん出来ないの、知っている？」

なぁんだ、そんなこと。私も笑い出しました。

「そうだよね、簡単なことを繰り返すだけなのに、途中でわからなくなっちゃったり、必ず間違えたりする。どうやったら間違えられるか、わからないくらい単純な作業なのにねぇ」

「こういうことができるの、仲間内じゃ私だけなのよ。だから、どこに行っても頼まれちゃうの」

「何を頼まれるの？」と訊くと、

「頭を使わない作業。物を色で分けるとか、数を揃えて箱にしまうとか、右から順に並べるとか」

「へぇー、それが一番簡単なのにね～」

「私は機転が利かないから、イベントの司会者とかできないのよ。そういう反射神経と度胸が要る

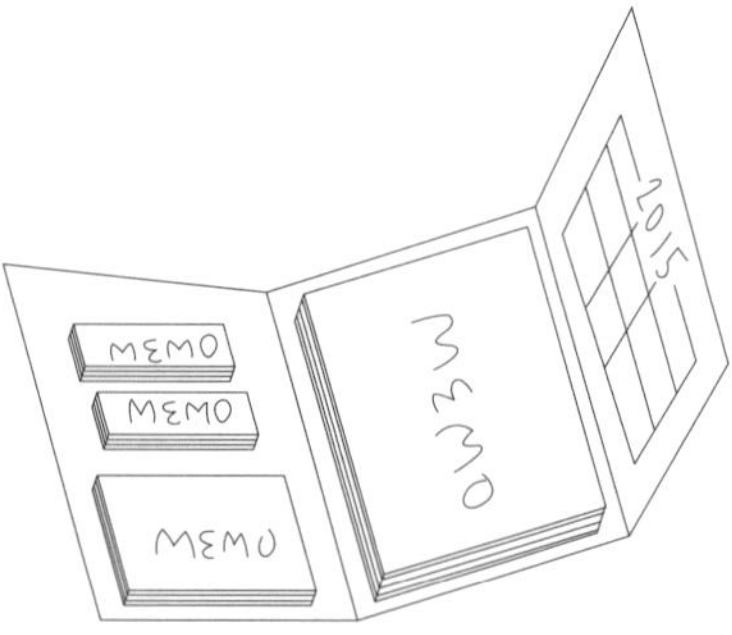

仕事は人に任せて、単純作業ばかりやるの。半分日本人だから得意なんだよ」

そこに突然日本人が引用される理由がわからないのですが、単純作業を間違いなくやれる民族なら日本人だ、と考えるアラブ人の常識がおもしろい。それにしても、大学教育まで受けた人間がこうした単純作業を苦手とするのは、なかなか信じがたいことなのでした。

苦手

娘の仲間たちは、典型的なＵＡＥ人の現代っ子です。入学時から四年間寮生活を共にして、一緒に勉強したり遊びに行ったり、おしゃれを研究したり、ハンサムな男子学生の噂話をしたり、十八歳から二十二歳ほどの女性が当たり前に興味を持つことを、自分たちの出来る範囲で楽しそうにこなしてきました。そのほとんどが北部首長国（アブダビ・ドバイ以外の首長国を指す）の田舎町出身で、真面目で、ズルをすることが苦手で、ショッピングよりも自室にこもってコツコツ勉強するのを好むタイプです。仕事を他人任せにして自分だけ利を得ようとは考えない、現代のＵＡＥには珍しい学生たちです。

しかし、そんな仲間と生活してみて、娘にはびっくりすることがたくさんありました。

まずは部屋の整理整頓がぜんぜん出来ないことです。机で勉強する習慣がないので（ベッドに寝転がって勉強する）、寮に備え付けられた机の上は物だらけです。靴は床に脱ぎっぱなし、着た服とシェーラはベッドの上やイスの背にかけっぱなし。キャビネットには使いかけのハンドバッグが大量に突っ込んであり、中心棒に枝が生えた洋服掛けは、週末までにはアバーヤで膨れ上がります。とにかく物をたくさん持っていて、乱雑に散らばって、部屋に秩序がありません。物を失くしたら、きっと半年も一年も出てこないでしょう。

娘の話では、寮の仲間は毎週末、着た服をスーツケースに丸めて詰めて帰省し、洗った服をアイロンもかけずに再び詰めて戻ってくるのだそうです。畳んで仕舞う気持ちがなく、着る前に使う分だけスーツケースから出して、アイロンするのです。いかにも即物的というか無秩序というか。整頓された居心地よさなど関係ないらしい。こんな混沌とした状態でよく勉強できると思うのですが、環境など何もお構いなしに全力を出せるところが、アラブ人の強さとも言えます。

私は自分の周囲にある程度の秩序を確保しないと、感覚が麻痺してしまうタイプの人間です。何かに行き詰まると、いつも必ず衛生行為をします。トイレに行く、歯磨きする、顔を洗う、シャワーを浴びる、掃除するなどをして、身の回りと頭の中を整理していかないと落ち着きません。整頓された環境で、こんがらがる頭の中を整理しながら、何とか先に延びる道を見つけようとします。混沌の中でもまったく関係なく全力を出し切れる民族は、それはそれで大した能力だと思っています。

飾りつけ

次女が中学三年生のときに、学校で建国記念日を祝う行事がありました。前年に四十周年を祝ったばかりで、今後十年間、建国五十周年まで年々イベントを拡大していくとUAE首相が宣言しました。その教育庁の指示を受けて、次女の学校でも大々的にイベントを行うことになったのです。

各教室を建国にちなむもので飾りつけ、一番きれいな発表をしたクラスが勝ちます。ホームルームでアイデアを募ると、誰もこれといった意見を出さないまま時間が過ぎ、最後に手を挙げた少女が言いました。

「私たちはただの生徒だから、ちゃんとした飾りつけは出来ないと思う。ひとり百五十ディラハム（約五千円）ずつ出しあって、専門のインド人に飾りつけを頼んだらどうだろう」

その話には驚きました。イベントの目的は生徒からアイデアを出させ、自分の力で完遂させることなのに、自分たちでは無理だと最初から放棄しているのです。さらに「金を出して労働者にやらせればいい」という発想しかない。いかにも金満主義に肩まで浸かった現代っ子の考えそうなことです。さすがに生徒の間でも、払う金額が高すぎる、人に頼んでまでやりたくないと反対が出て、それは却下されました。

そんなお金があれば十分いいものができる、中学生らしくシンプルで時間のかからない飾りつけをすればいいと、私は娘に言いました。娘はしばらく考えて、四色の生地を買って（UAE国旗は赤、白、黒、緑の四色）、小さいリボンをたくさん作り、それで壁に模様を描くことになりました。模様だけなら生徒たちもたくさんアイデアを出せるでしょう。

娘は思い出したように言いました。

「そうだ、生地からリボンなんて誰もつくれないよ。テーラーに頼まないと」

また労働者の登場です。

「何でも自分たちでやりなさいよ」と批判すると、娘は口をとがらせました。

「だってあたしたち、針仕事なんて習ったことがないんだよ」

確かに、UAEには家庭科や生活科といった授業はありません。縫い物なんか誰もしたことがないでしょう。ボタンつけさえ知らないはずです。この国では、仕事はすべて分業です。縫い物ならどんな簡単なことでもテーラーに、洗いものやアイロンはメイドに、庭仕事は庭師にやらせると決まっています。

ふん、と私は息を吐きました。彼女らにとって当然の理である分業を除き、イベントを自分たちの力だけで完遂する目的を、どうやったら納得させられるか。

「じゃ、厚みのあるフェルトを使ったら？　長方形に切って、真ん中に皺を寄せて、帯で巻いたら、リボンのようになるでしょう。帯なんて裏をステープラーで止めればいいんだから。これならハサミとステープラーを使えば誰でも出来るわよ」

「うん、それくらいなら友だちは出来るかもしれない」

自信なさそうに娘が言うので、

「切って巻いて止めるだけの作業じゃない。出来ない方が不思議だよ。フッーの中学三年生なら出来るはずよ」

「それがねぇ」娘は口の中でぶつぶつとつぶやきながら、それでも一緒にフェルトを買いに行きました。

家でサンプルをつくり、娘に作り方を教え、学校に持って行かせたところ、女生徒たちが乗り気になったのは一瞬だけで、何日たっても十分な数を作ることは出来ませんでした。

持ち帰ったフェルトを観察すると、まず切る作業が出来ていません。長方形に切るはずが、途中から線が大きく曲がっていたり、紐にするためのフェルトがリボンより太かったり。これでは均一には出来ないだろうとわかるほど差があります。

「どうしてこんな風に切ったの」と訊くと、

「勘でまっすぐに切るのは難しいんだよ」と娘が答えました。

「それなら定規で計って、線を引いてから切ったらいいじゃない」

「そんなことは皆には難しすぎる作業だ」

どうやったら難しいのかわからないほど単純なのに、公立校の中学生にはどうもできないらしい。

結局、十日ほど経ってリボンの形になったのは三十個程度で（十七名のクラスメートで三十個）、フェルト全体の八分の一くらいでした。

私は建国記念日イベントの二日前まで黙っていましたが、最後に「これじゃ飾りつけは出来ないね。何か他の準備をしているの」と訊きました。

「いや何も。みんな、リボンがいつか出来上がると思っているみたいだよ」

「ふぅん」

私の頭が悪いのか、娘の日本語が悪いのか、私にはどうしてもこういう会話が理解できません。いや、共通言語はあるのだけれど、共通概念がないのです。どうしたら誰もつくらないまま、誰も手を出さないまま、魔法のようにリボンができると考えるのか、それを誰も疑わないのか、私には到底わかりません。

仕方なく、娘と一緒にリボンをつくりました。うちにフェルトがあってもしょうがないし、せっかく買ったのだから、女生徒がどこまで出来るか試したい気持ちもありました。

お試し作業

まず、一メートル四方のフェルトを五センチ均一の大きさに切って、帯になる紐も切りました。中央に皺を寄せて、リボンの形をつくり、帯を巻いてステープラーで止める。物差しで計って、均一に切るまでに時間はかかるものの、あとは単純作業で、一時間もしたら四色分のリボンは完成しました。娘は目を瞠《みは》ります。

「ママは魔法使いみたい。何でも上手で早いねぇ」

ふん、こんな単純作業で褒められてもしょうがないと笑いましたが、こうした作業を出来ない大多数の国民を抱える国家が、将来どうなっていくのだろうと考えずにはいられませんでした。

翌日、「みんなで壁に貼りなさい」と娘にリボンを持たせました。ハート型でも花型でもいい、国旗でもいい。UAEの国旗は四色で構成され、縦に長い長方形は赤。横に長い三つの長方形は上から緑、白、黒となります。長方形なら、リボンを並べるのは簡単でしょう。

「四色とも同じ数だけあるかわからないから、どんな模様でも、最初は小さいサイズで作って壁に貼っていくのよ。リボンが余るようなら、一列ずつ増やしてサイズを大きくしていきなさい。そうでないと、途中で足りなくなって模様が完成しないかもしれないからね」

私の言う日本語がわかったのかちゃんと確認して、学校へ送り出しました。

帰ってきた娘に出来栄えを訊くと、申し訳なさそうに「やっぱり出来なかった」と言います。半分は予想していたので、がっかりはしませんでした。

その代わりに訊きました。

「ねぇ、教えて。何がどう出来なかったの」

「うーんとね、形が簡単だから国旗にしようって皆で決めたの。ママが言うように一色ずつ貼ろうと提案したら、それぞれがリボンをもっていっせいに貼り付けて、最初の色も長方形にならなかった。その下に違う色を貼ったらもう全然長方形にはならなくて、変になっちゃって、リボンを最後まで使わないまま途中で止めたの」

「誰かが途中で修正したり、やり直したりっていうのもナシ?」

「修正なんて、つくるよりもっと難しいよ。一度やってうまく行かなかったら、もうダメだね。嫌になって、すぐみんな散っちゃった」

こうやってみるとおもしろい。全体的なリボンの量から、これくらいの大きさの国旗ができるという予測を、中学生なのにしない。最初から予測や目測なしに作り始めて、出来なかったら途中でおしまい。一番の問題は、全体像を把握する訓練ができていないことです。そのせいで大方の女生徒たちは化学の実験もうまくいかないし、数学の問題も解けない。たどりつく目的（解答）までの距離と道筋を予測しないのです。

民族的なものだと思うのはたぶん間違いです。何を隠そう世界の共通数字はアラブ人が考え出したアラビア数字だし、十進法もアルジェブラ（代数）もアラブ人が世界に紹介しました。中世からずっと高度な天文学を率いたのは、ムスリムとしてお祈りの時間やラマダーンの日数を計る必要があったからだし、シャリーア法で定められた遺産配分をするにも精密な計算が必要でした。アラブ人が数学が苦手だなんて、本当はここ一世紀の出来事なのです。

しかし、それを人生に当てはめて考えると、予定や目測や修正なしに生きるとすれば、なんと困難だらけの荒い道を歩むことかと心配せずにはいられませんでした。そう想像するのも本人たちじゃないから、かえって幸せかもしれませんが……。

得意なこと

だからといって、「アラブ人はどうしようもない国民だ」と早合点をしてはいけません。アラブ人にはその反対に素晴らしい能力があります。それは「即応能力」であり「即戦力」です。どんな状況になっても慌てないし騒がない、流動的な状況を見極めてすばやく適切な行動がとれる、素晴らしい能力を持っています。単独行動もそうですが、集団行動になればもっと力を発揮して、弱いも鈍いも全部ひっくるめて部族を統率しながら、次のステージへ突き進んでいく底力があります。ちょっと計画倒れになると気落ちしたり、大きく予測から外れたら挫折したり、プランが崩れたら立ち直れなくなる国民ではありません。さらに進退窮まって苦しい状況になっても、決して最後まで諦めないし、それによって精神に異常をきたす人間もいません。

アラブ人と付き合って私がいつも感心するのは、「無計画の計画性」です。

とある目標があって、それが形になるかどうかもわからないあやふやな状態でありながら、やると決定すればものすごい短期間であっという間に完成まで引っ張れることです。こうした独裁体制の国では、やるかやらないかの決定が直前に決まり、予算も主催者も開催場所も、直前まで流動的な場合がほとんどです。そのくせ雲を摑むような内容の打診は突然にやってきて、「来月まで」とか「半年後まで」とか、到底無理であろう期間を言い渡されます。それを全力で準備しても、言い渡された期限には上から何も言ってこない場合もたくさんあります。目標を定め、時間をかけて準備や練習を周到にする人間ならば、こういう流動的な状態は苦しくて、とても「やっていられない」、「つきあっていられない」と感じるでしょう。しかし、アラブ人は流動的な状況の中でも、決して自分を見失わず、全方向に神経をめぐらせて状況判断し、実現しない場合の去り際や置き土産を上手に用意しながら、同時に、決定した場合に発揮する力を温存しながら、飄々《ひょうひょう》と物事を進めていけるのです。

「準備期間が足りないからろくなモノができない」なんて投げやりな態度の人間はいません。自分の持つコネや人脈を総動員して、あらゆる思い付きやアイデアを現実に変えるまで引っ張る努力をします。どんな状況下でも「神が自分に与えた運命を生きる」という姿勢が、頭からつま先まで、生まれてから死ぬまで、精神の奥深い部分まで、浸透しているのでしょう。その落ち着きと力強さと、運命を受け入れる覚悟には常に感嘆します。

流れに乗る

私自身が知る「無計画の計画性」の例を話しましょう。

長女の高校卒業式は本当だったら予定されていなかったのに、首席卒業者だった長女の願いを酌《く》んで、直前にやることに決定しました。式は、決定から中一日をはさんで開催されました。

たった一日の準備時間しかなくても、学校側は体育館のステージを準備し、司会者も式次も用意し、クルアーン朗誦者も即興詩の生徒も割り当て、百人分の卒業証書を印刷しました。校長は教育大臣に許可を得て、自分の懐から予算を出し（年間行事は終わっていたので、学校に予算は残っていなかった）、祝辞を用意しました。事務方は学校で行った年間活動の写真を集めて、あっという間に二十分のスライド映像を作りました。お願いした当人である娘は、卒業生代表の謝辞を準備しました。おまけに、式の前日にはクラスメートが我が家にたくさん来て、午後いっぱいかけて腕や足にヘンナを描きました。* その晩には娘とクラスメート数名をつれて、式に着るドレスを隣町まで買いに行きました。サイズの合わないドレスを、目の前でテーラーを叱咤激励して仕立て直させ（これにだって一時間以上はかかる）、ドレスの色に合った靴を買い、髪飾りを買い揃えました。

当日の朝は六時に起きて、娘とクラスメートたちを連れて、近くの美容院にセットと化粧をしに行きました。美容院だって前日に予約して、早朝から開けていてもらいます。そうした緊急時になれているせいか、この国には「時間外です」とか「前日の予約は無理です」と言う人間などひとりもいません。家族や教師やクラスメートはもちろん、テーラー（主にバングラディッシュ国出身の男性が営む）も美容師（フィリピン女性）もヘンナを施す女性（インド女性）も、靴屋（エジプト男性）も髪飾り屋（中国女性）も、誰もが波に乗ってものすごいスピードで駆け抜けられるのです。

そのとき当然、「急に全部は出来ないよ」という言葉が日本人である私の喉まで出かかっていました。しかし、それを言ったらお終いだともわかっていました。すべての流れは「立派な卒業式を行う」方向に、猛烈なスピードで動き始めているのです。娘は全力で卒業式を行うことを校長に納得させ、クラスメートをヘンナに誘い、ドレスを買って、謝辞を用意し、美容院に行って、ちゃん

＊　ヘンナは草液を捻出して手や足に描く模様で、正装の場合に必ず施す。

と翌朝九時の卒業式に出席しました。校長だって、教育大臣に電話をかけ、式すべての役割分担を振って、自分の懐から予算を出しています。朗誦を頼まれた生徒も、詩を朗読する生徒も、翌日はいきなりぶっつけ本番だったのです。

実は、その過程には別の要素も入ってきます。

たとえば、美容師を家に呼んだ六人分のヘンナ代は、私持ちでした。車でクラスメートを迎えに行き、三十分かかる隣町までドレスを買いに運転するのも私でした。朝六時からクラスメートを連れて美容院に行き、その代金を払うのも私でした。ここで私が「うちの支払いじゃないでしょ」とか、「送り迎えは大変だから、友だちは自分の車で行って」と言えば、もうこのイベントは成功まで漕ぎつけませんでした。友だちの母親は車が運転できない人だったり、急な支払いができない家庭だったり、朝六時に美容院には行けない環境の人だったりするのです。だから、出来る人間がすべてを担います。そしてクラスメートの親たちは、私がそれを出来る人間だとよく知って任せていたのです（これをアラブでは〝借り〟と呼ぶ。私にとっては〝貸し〟となる）。

「なんでうちが全部支払うか」という疑問を秘めながらも、私は夫に「このくらいお金がかかる」と報告して、ごっそり家のお金を持って全員分の支払いをしました。突然のオーダーだし、急がせたり時間外に呼び出したせいで、どの方面にも代金以上の心づけをあげて、この流れを食い止めない最大限の努力をしなければなりませんでした。*

私は馬車馬のように働きながら、なぜ私がという疑問を振り払って、「出来る人間がやる。神様は担げる人間にしか荷を背負わせないのだから」というアラブ社会の通念だけを頭に詰め込みます。「荷を担げる人間は、担げない人間よりよほど幸福なのだ」という夫の言葉を思い出し、それよりも何よりも、娘が願った卒業式を上手に運ばせるために奔走しました。そして、一度流れとスピードに乗った船は素晴らしい港に着くと、もう私は知っていました。

その船の上にはいろいろな人間が乗っていました。卒業式なんて面倒だと腹を立てている教師たち、思想的に卒業式に反対している親たち、＊＊金銭的に準備ができない家庭、化粧やドレスなんかとんでもないと思っている女生徒たち、反対にこんな機会に化粧もしない女はバカだと考える女生徒たちもそうです。ここで便乗して儲けようと企むテーラーもヘンナ女性も美容師もそうです。船に乗る役者すべてが、それでも、私や娘や校長がつけた道筋を通って素晴らしい舞台を創りあげようと、櫂を持って船を漕ぎ出します（ここで、人々は私につくった〝借り〟を行動で返そうとする）。

急きたてられて東奔西走したあとの卒業式は、予想通り、まったく完璧でした。二日前まで計画さえなかったことなど嘘のように、昨日の大困難など何もなかったように、厳かにしめやかに始まり、一生の思い出になりました。長い準備期間と資金をかけた他国の卒業式と比べても遜色なかっ

＊　こうした代金は夫にしたら卒業のお祝い金の一部である。
＊＊　祝事をパーティという形で行うことに拒絶を示す家庭はまだたくさんある。

たのだから、その鮮やかな手腕と底力には（自分もそれを荷った人間ではあるが）感嘆しました。

流れを止める

反対に自分が波に乗れなかった例もたくさんあります。

数年前、とある首長国で教育関係のエキシビション（展示会）があり、そこで日本の弁当を展示して欲しいと依頼がありました。シェイハ（首長家の女性）が見学に来るので、作る過程を見せてくれと言うのです。

私はいやな予感がしました。首長国によってはシェイハを雲上人と扱ったり、長老として扱ったり、ある程度の尊敬だけ示したりといろいろ対応に違いはあります。しかし、その首長国ではどんなイベントも、シェイハが来る前は待機、来た時だけちゃんとやり、帰ってしまえばすぐ終了といった、何が目的だかわからないイベントのやり方を続けていました。シェイハの到着が遅れれば何時間でも待たねばならず、来なければ関係者がやる気を失ってお流れになり、経費も忘れられるという状態でした。そのため私は極力イベントには参加しないようにしてきました。しかし、文化センターの生徒を通しての依頼だったので、私は生徒に応えたくて、知り合いの日本人二名にお願いして弁当を作ってもらいました。

当日に準備していると、シェイハの見学するホールに入れるのは一名だけで、もう一名は廊下で展示するよう言われました。案の定、遅れてきたシェイハの周囲は人だかりで、写真を撮ろうと人々が押し合いへし合いして詰めかけました。

シェイハという立場の人間は最後まで説明を聞いたり展示を見ることはなく、すぐに次に移ってしまいます。* シェイハが去った私たちのテーブルはいっきに人が流れ去り、説明の途中でも、半強制的に終わらせられたような形となりました。

反対に、廊下で行った展示は高校生が四、五名だけ見に来て、最後まで熱心に説明を聞いてくれました。しかしこの落差では、お願いした日本人に失礼だったと私は不愉快でした。

イベント修了後、弁当にかかった経費と遠方からの二人分の往復タクシー代と謝礼を計上したら、依頼者側は「毎日つくる弁当にこんなにかかるわけがない」と出し渋りました。私は馬鹿らしくなって、話を持ってきた生徒にメッセージを送りました。最終的に経費は払われましたが、その生徒はもう二度とセンターの授業には参加しなくなりました。

これは誰の失敗かといえば、私側です。依頼者（私の生徒の姉）は、シェイハが来る展示会で自分の展示物が注目されるのが一番の目的でした。しかし、その目的を完遂する波に、私は最初から乗り気ではありませんでした。シェイハの前でだけ格好をつけるイベントが好きではなかったし、彼女らを崇め奉る雰囲気も嫌いだし、最初から計上していた経費に文句を言われたのも残念でした。でも、それは生徒に対する私の「好意のなさ＝〝貸し〟を出さない姿勢」とみなされます。イベン

＊ ひとつの展示だけに立ち止まることはしない。表面上さっと全体の展示をみるのが通例。

トを成功させる波に乗らない人間は、本人が乗らないだけでなく、波全体に抵抗をつくります。流れを止める存在なんて友だち甲斐がない、経費が出ようと出まいと黙って便乗して（つまり私が懐《ふところ》から払って）、応援してくれればいいのにと評価されます。だからもうその生徒は、文化センターの授業に来る気持ちが無くなってしまったのでしょう。

その他、私が自分の価値観を変えられず、相手の求める波とスピードに乗れなかった、あるいは乗らなかったせいで下手を打ったことは数知れずあります。貸しが払われない不満なんか上手に忘れて（忘れたフリをして）波を止めずにいれば、全体の士気も活気も上がり、全役者から素晴らしい能力を引き出すことができるのに、敢えて抵抗を生じさせてしまった私は、確かに大人気《おとなげ》なかったと言えます。感情的な不満を見せず、人助けのつもりで貸しを惜しみなく出して将来に備える方がずっと賢く立派な行為であることを、時に私は忘れてしまうのでした。*

異質から学ぶこと

こうしてみると、実は、アラブ人一人ひとりの潜在能力は非常に高いことがわかります。切羽詰ったときの即戦力や、状況が一瞬で変わった時の対応能力は、目を瞠るほど素晴らしい。「無計画の計画」は、どこから見ても詰めが甘く、こんな杜撰《ずさん》な計画で、こんな穴だらけの準備で、未完の人材と短い期間で、どうやって目的を完遂できるのか、準備を周到に整える人種には到底わ

マッチと小枝ですぐに火を熾せる能力は素晴らしい

かりません。しかし、本人たちの第六感で成功までの流れとスピードを感じたら、躊躇はありません。「それなら自分も漕ぐか」と皆がその手に櫂を握れば、船は猛スピードで港（目的地）へ向かうとわかっています。

私は文化センターを主宰しながら、よく怒る日本人に出会ってきました。ある活動を行うとき、計画がずれたり倒れたりしたら、一生懸命頑張っていた分だけ怒らないではいられない人たちです。幼少から自分を律して厳しい作法や練習を重ねてきたせいで、流動性そのものを理解できません。アラブ人が流動性の中で状況判断して生き残っている姿勢が、とても理解できないのです。

「いい加減で、無計画で、怠惰で、人任せで、無責任」というアラブ人への形容を、私は今まで何度となく耳にしました。そうした人たちは、アラブの国に住みながら自分を

＊　アラブでは貸しや借りをその場で精算しようとする人はいない。自分の貸しが将来、自分に、家族に、部族に、いつかどこかで違った形でも戻ってくることを考えている。時間の流れや概念が違う。

アラブ流には変えられないし、変えるのは退化だと信じています。怒りを共有できる仲間とだけ親交を深めて、批判を続ける人々は、最後までアラブ人の素晴らしさを学ぶことはできません。冷静沈着な態度や、部族を率いる底力、他人を責めたり追い詰めない寛容さ、運命を受け入れる覚悟、未来に託す柔軟性などに気付くことはできないし、そこから学ぶこともできないのです。

アラブ人は、日本人のもつ用意周到な準備や努力を非常に尊重し、学びたいと考えています。他人任せにしない態度や、常に自分が責任をとる姿勢、他人と協調していく努力を、世界には稀な素晴らしい資質だと考えています。でも近づきたいと思いながら、同じように生きたらアラブ社会では生き残れないことも知っています。アラブにはアラブの流儀があり、環境も政治も人間の気質もまったく違うことも理解しています。でも憧れ、そこに近づきたいと願っています。私たち日本人もアラブ人の強さや優しさ、逞しさを尊重し、荒い環境に生きる知恵を学び、理解していく姿勢を示すべきです。「相手にならない」と呆れ、軽蔑すれば、同じことが返ってきます。小さな島国の小さな価値観や思想だけで生きるとしたら、世界を見る力は失われてしまいます。

「あの国は素晴らしいね。見習いたい」と思うときあり。「この国のここを何とかしなきゃいけない」と思うときあり。ダメ印や合格印を押すのは簡単ですが、人間社会の成り立ちの不思議を知り、その得手・不得手から、知恵や価値観を学ぶのはおもしろいと私は常に考えています。

（二〇一五年二月）

第三章

言うは簡単でも
——イスラームの奨励する断食、慈愛、孝行

断食、巡礼、喜捨など、人生をリセットする機会をイスラームは常に与えている

それぞれの抵抗

太公望

十六歳になる三男は、木曜日の午後に学校から戻ると、すぐ釣りに行きます。二〇〇五年からUAEでは金、土曜日が週末となったために、木曜の午後は週末の始まりです。

釣り場は家から五キロくらい離れた、ウンムアルクエインの入り口にあります。ウンムアルクエインは半島で、海岸線は南北に長く延びています。アラビア湾からの高波が来ない東側の海岸線は、波も穏やかで遠浅の瀬が続き、ほとんどはシェイクの敷地となっています。その並びにはガールズ・スカウトと女性用スパがあり、一般の男性は足を踏み入れることができません。

アラビア湾に向かう西側の海岸線は、波も荒く、急に深くなるので遊泳禁止区域です。対岸から

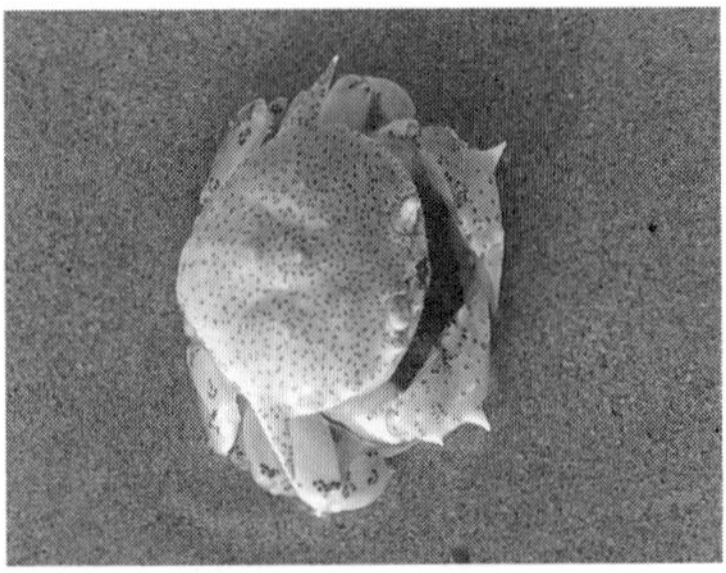

満月の夜は大量のカニが産卵する

のゴミがたくさん流れ着き、ビーチは何年も放ったらかしで、傾いたバラックにインドやバングラデッシュの漁夫が違法に隠れ住んでいました。

そこを昨年ようやく整備して、三百メートルくらいの長い防波堤を設けました。その内側には小型ボート用の港湾を造って、桟橋が七つ延びています。各桟橋の両側からは櫛のように短い足場が延び、それぞれに二十艘ほどの小さな漁船、あるいは七〜八人乗りのボートが停泊できるようになりました。

整備されてから違法の漁夫たちはいなくなったし、屋根のある管理事務所のベンチでは、かつて漁夫だったらしいお爺さんたち（UAE人）が並んで茶を飲んでいるし、防波堤の岩の上では誰かしらが釣り糸を垂れているので、三男がひとりで行っても心配することはありません。

庭の倉庫には、釣り竿、ネット、釣り針セット、釣り糸、ハサミ、軍手など、釣りに必要な道具は全部用意してあります。こんがらがった釣り糸をほぐしたり、魚に取られた釣り針を付け替えたりという作業は、いつの間にか済ませてあって、木曜にはすぐにも持ち出せるようになっています。

三男は昼食もそこそこにTシャツと短パンに着替えると、冷凍庫にしまってあるエサ（大抵は小海老やイカの脚など）をバケツに突っ込み、鉄製の椅子をもって釣り場に向かいます。免許をとったばかりの次男がいれば車で送ってもらうし、次男が家にいなければ近所の友だちに電話をして、釣り仲間を探します。友だちといっても運転免許を持っている人たちだから、みんな年上です。仲間が見つかれば一緒に行くし、いなければ仕方なく私に運転を頼みます。

週末が満月にかかると、三男は別の場所を目指します。それは半島の根元から北に延びた沼地です。ウンムアルクエインの海岸線からは、すぐ目と鼻の先にアラビア湾沿岸に浮かぶジャジーラ島が見えます。海岸線に沿った道路を下りれば、そこからは未整備の沼地が広がり、島に至る海岸線までマングローブが湿地帯をつくっています。満潮時にはクリークができ、早い潮の流れに乗ってイカまで流れてくるのですが、干潮時だと蟹の穴だらけの沼地をずぶずぶ歩いて対岸まで渡れるくらいの浅瀬になります。満月の晩には産卵のために蟹が大挙して現れるので、三男は何を措いてもそこへ向かうのでした。

沼地は家から直線距離でわずか九キロくらいしか離れていないのですが、もちろん周囲に家はなく、マングローブが生える未開の土地を入っていかなければなりません。三男はそこへ自転車を飛ばして向かいます。自転車の荷台に、突貫工事屋かと見紛《みまが》うくらいの大きな段ボール箱をくくりつけて、えっさおっさとハイウェイを越えて沼地に入るのです。段

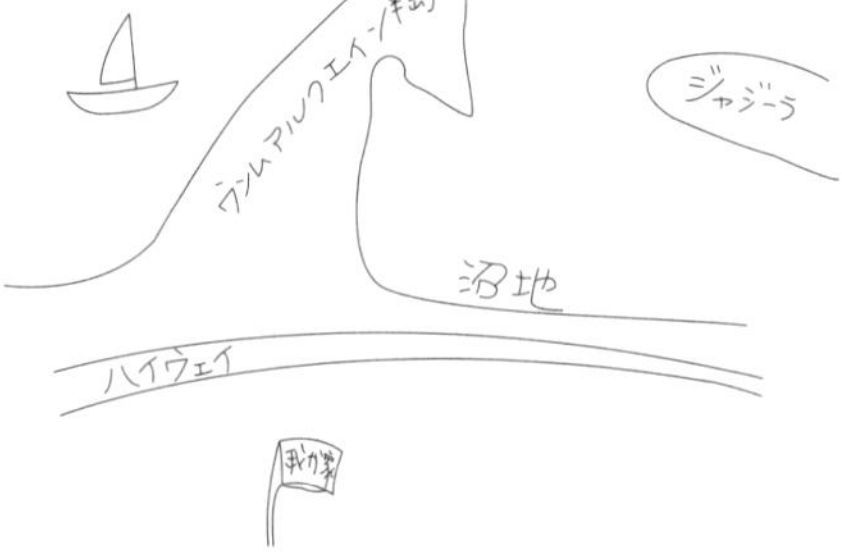

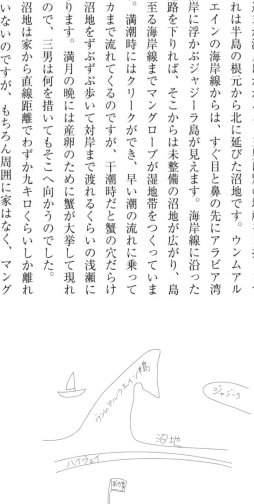

ボール箱には、蟹を押さえるために先がY字になっている棒と、網、ステンレスのつかみ棒、フラッシュライト、腰に縛りつける縄のついた大きな洗面器（ここに蟹を入れる）、もちろん自分のためのジュースやスナックまで入っています。

私は息子に一人で沼地に行ってほしくありません。沼地への道はもちろん街灯ひとつないし、日が暮れると沼の底が見えなくなります。自転車が埋まったら、あるいは本人が怪我をしたら、どうやって目印のない場所で助けを呼ぶことが出来るかと心配です。だから、釣り仲間が見つからないときは、沼地に行くことはいつも反対します。

しかし、その言葉を聞くと三男は激昂《げきこう》します。

「自転車が埋まったら、捨てて歩いてこられるだろ。危ないって、あんな場所が危ないもんか。夜はどうせ蟹も見えないんだから帰ってくるし。目印なんかなくたって、ハイウェイの光を頼りに歩いてこられるよ。僕を幼稚園の子どもだと思ってんの！」

三男はたとえ前日にほとんど寝ていなくても、木曜に午睡をとるなんてことはしません。それは彼に言わせると「人生を無駄にしている」のだそうです。週末に身体を休めるなんてジジババのすることで、せっかく牢獄のような学校から解放されるわずかな時間を、一分だって無駄には出来ないのだと言います。

こういうことを誰彼はばからずに言う三男は、確かに子どものときからたいそう準備のいい人でした。時間と労力を無駄にしないのが信条で、それは生活の隅々にまで、性格の細部にまで行き渡っています。その点、アラブ人の友だちから大変尊敬されているらしい。友だちはほとんど自分より年上なのに、相談事をされても出来ないことは出来ないと告げ、無駄なことは最初からやめろと却下し、労力に比して結果が少ないと反対を唱えます。その予測は実にきっかりしていて計算高い。ですから、大して人徳があるわけでもないだろうに、いろいろな人からあらゆることを相談され、彼の意見は珍重されています。

学校生活の変化

三男の高校はアブダビの皇太子が特別に創設した工学系高校*で、全国に数校しかありません。ウンムアルクエインから一番近いのは、隣のラッセルハイマ首長国にある高校で、片道六十六キロあります。毎朝六時にバスが来て、一時間半かけて学校につき、三時まで授業があり、夕方四時半に家に戻ってきます。今年に入っていきなり授業時間が増えて、毎日九時間授業（昨年度までは八時間授業）、三時四十五分終業となったときの彼の怒りといったら！

「朝日も出ないうちにバスに乗り、家に戻ってきたら日が暮れかけているなんて、こんなひどい人生があるもんか。学校中みんなで文句言ってるんだぜ」

あまりに反対が多かったせいか、十月に入ってから元通りに三時終業に戻りましたが、九時間授業に変更はなし。その分、二回あった休み時間が極端に短くなったそうで、

「カンティーン（食堂）に並んで食事を買ったら、食べる間もなく始業のベルが鳴るんだ。だから、

トレーごと教室に持っていって授業中も食べている」といばっています。

二、三年前から、Ｅラーニングという名の下にＵＡＥが国を挙げて推進しているのが、コンピュータ機器を使った教育システムです。各生徒にコンピュータが配布され、紙の教科書がＣＤとなり、ノートも数が減って、今まで背骨が曲がるほど重かった通学カバンは確かに軽くはなりました。しかし、本を使い慣れてきた少年たちにとって、コンピュータでめくる教科書はどうも使いにくいようです。宿題だって、各先生から帰宅後にＥメールで送られくるものばかり。「真夜中十二時までに、教科書五十六ページの宿題をメールで返信するように」という指示は、いかにも紙を使わないエコ教育の先端のようでカッコいいが、のんびりしてメールを開くのが遅くなったら、それだけ宿題をこなす時間も短くなります。つまり四六時中メールをチェックしていないと、その分自分のチャンスが少なくなるということです。

これは却って恐ろしい。自分の時間が自分だけのものでなくなるという圧迫感は、ここ数年三男の精神にのしかかっています。二〇〇八年に同じ高校を卒業した長男には、そうした概念はまったくありませんでした。なぜなら、長男が在学した三年間（二〇〇五〜二〇〇八年）では、まだ各生徒にコンピュータが配られなかったからです。紙にプリントされた、あるいは教科書で指定された範

＊　工業立国をめざして創設された国立高校で生徒には給与が出る。

囲の宿題をもらい、それがだいたい何分くらいかかるか記憶した上で、帰宅後に勉強時間を早めたり遅くしたりできました。

二〇一二年にやはり同じ高校を卒業した次男は、十一年生になったときにコンピュータを配られました。配られたといっても、希望とは関係なく全生徒に支給され、その代金は毎月の給与から自動的に差し引かれていました。しかし、教科書はまだ厚い本だったので、宿題の範囲ははっきりしていました。

二〇一〇年に九年生に入学した三男には、入学当初からコンピュータが支給されました。最初の一年間は代金が給与から差し引かれていましたが、十年生になったとき、全生徒の給与が月五百ディラハム（約一万五千円）になり、コンピュータや教科書、ユニフォームなどの代金は、皇太子府が肩代わりしてくれることになりました。おまけに昨年秋から教科書はCDとなり、宿題も帰宅後に出されるものばかりです。教師にとっては、生徒を返した後にオンライン上で宿題を指定すればいいのだから、時間の余裕があって楽ですが、生徒は帰宅した後に全教科の宿題がいっきにEメールで送られてくるのだから、家でのんびりする気持ちにもなれません。

境目のない時間

十二年生ともなれば勉強の量は半端でありませんが、Eラーニングのせいで、終えようと思っても簡単には終えられない宿題が増えました。それは、私たちのように紙の時代に教育を終えた人間では想像できない内容です。たった一枚のパワーポイントを作れと言われても、背景はこうしよう、文字にこの色を使おう、いや、この方が見栄えがいい、字はこのフォントにしよう、この段落は五秒後に右肩から落ちてくるようにしよう、この絵は八秒後に画面上で卵が割れて現れるようにしよう……などと考案していたら、時間なんてあっという間に経ってしまいます。

あるいは、履歴書のために自分のことをアピールした三分間のビデオを作るという宿題だって、一度の撮影で終わるものではありません。家の中で一番きれいな壁を背景にして、場所を変え、話す内容を変え、洋服を変え、撮影したものを継ぎ接ぎして、やり直しやり直しで終わりません。

かつては紙を埋めたら終わりだった宿題とは、切り上げる時間（つまり諦める瞬間）がまったく違います。それに、コンピュータを開いて宿題をしているということは、違うボタンをクリックすればＹｏｕ Ｔｕｂｅがすぐ見られたり、ちょっとだけゲームをして気を紛らわしたりということが可能で、誘惑が多いのです。すると、ますます時間の調節が難しくなってきます。

同じ高校生といっても、まだEラーニングになっていない次女の公立校に比べて、三男の勉強時間ははるかに長くかかります。おまけに、次女の高校は家から三百メートルしか離れていないのに、三男は毎日三時間の道のりをバスに揺られて通学しています。戻ってくるとすぐに寝てしまい、夜中の十時に目を覚ましてから、翌朝まで眠らずに勉強して登校する日もあります。宿題のありすぎる日は、夜中の三時頃まで眠らずに勉強し、わずか二、三時間の睡眠をとってまた登校するという週日を送っているのです。

その様子を毎日見ているから、週末が来ると、私や夫は「少し休んだら」と言います。しかし木曜の午後にそんなことを言おうものなら、三男は腕を振り回して怒り出します。

「僕はひどい人生を送っているんだ！　何も楽しいことがなくて、勉強勉強ばっかりで、週末にも好きなことが出来ないなんて、このままじゃ死んじゃうよ！」

こうなると、私たちもそれ以上は止められません。気の荒い三男は、休めと言われてホイホイ休むような性格ではなく、どこかしらに怒りや情熱をぶつけていないと収まりきらない人間です。それが高じて人と喧嘩したり、ドラッグなんかに溺れたりしたら大変です。釣りに行って気が済むなら安いもんだ、というわけです。

アラブ人の母親

十六歳は日本では高校一年生ですが、三男はすでに高校三年生で、来年は大学です。最高学年にいる意識は、学校で王様のような気分にさせ、下級生に睨みをきかしたり、勝手気儘《かってきまま》な行動をとらせています。おまけに高校からの給与や、軍隊から支払われる訓練への報酬＊、成績優秀者に出るボーナスのおかげで、自分は収入がある一人前の男だと勘違いしています。来年大学に入っても、まだ運転免許さえ取れない歳であることをすっかり忘れ、卒業さえすればすべての自由を手にできると夢に見ているのです。

しかし、十六歳はやはり半分は子どもです。年子の妹がいるだけで、家では男兄弟の末っ子である三男は、ときに幼児のように私に甘えます。日本だったら思春期になった少年が母親に抱きついたり、手を握ったり、添い寝なんか絶対させないでしょう。でも三男は不愉快で怒っているとき以外は、当たり前のように私に甘えてきます。五人の子どもたちはみな非常に私と密接ですが、それも母親に対するイスラームの教えが、日本とはまったく違うからかもしれません。

アラブ人の家族観は、深くイスラームの教えに影響されています。預言者ムハンマドは、「世界で何を置いても一番大切にしなければならないものは何ですか」と訊かれて、「それは母親だ」と答えています。「では二番目は?」と訊かれ、それも母親、三番目も母親だと言います。四番目になってやっと「父親」が出てくるのですから、アラブ・イスラーム世界で母親をないがしろにする人間は、世間からも社会からもまったく尊敬されません。

イスラームの教えで私がいつも感心するのは、それがいかにも「合理的」だからです。すべての教えが、煩悩に流れやすい人間生活を、まっとうな道からはずれないように、それも時代時代に受け入れ易いように、最も合理的に整えてあるという印象を持ちます。

一番身近にいて、自分より弱く攻撃しやすい母親を、「絶対に攻撃してはならず、反発してもならず、世界で一番大切にしてあげなければいけない存在」と決めたのも、そのひとつです。クル

＊ 高校のスポンサーのひとつは軍隊なので、隔週に軍事訓練があり、その時間分給与が払われる。

アーンは神の言葉だから、疑問をはさむことも否定することもできません。無条件に絶対的に従うだけです。そうでなければ、アラブ世界の母親は十四世紀の間、他世界と同様に、もっともっとつらい目に遭ってきたでしょう。個人の自由を世界で一番崇高なものとする欧米社会で、老いてひとり置かれた母親たちがこれを知ったら、きっとイスラーム世界に対する認識を改めること間違いありません。

卑近な例では、私自身が感動した息子の友だちの話があります。

長男は高校に入学した十月に、初めて給与をもらいました。二〇〇五年当時では、高校に通うだけで政府から給与がもらえるという話は珍しく、多くの高校生の羨望を集めました。その額はユニフォーム代などを引かれてわずか三百五十ディラハム（約一万円）だったのですが、どの友人も、最初の給与でお母さんにプレゼントを買ったといいます。ある人はテレビ（中国製のブラウン管テレビは、このくらいの金額で買える時代だった）を買い、ある人はさっそく銀行から全額をおろしてきてお母さんに渡し、ある人はお母さんを食事に連れ出しました。

十五歳くらいの少年が、一番最初の月給、それもたったの一万円で、自分の買いたい物も買わずに、まずお母さんにプレゼントを買う。いいえ、彼らにとっては、一番買いたいものがお母さんへのプレゼントだったのでしょう。それが中国製の小さなテレビでも、息子が最初の給与で買ってくれたものなら、どの母親にとっても宝物であることは間違いありません。

「へぇーえ」と驚いて、その話が本当かどうか二度三度訊き直したのは、たぶん日本人である私ひとりで、アラブ人の母親なら当然のように、皆さんニコニコと受け取ったのでしょう。次男の友人も同じように、最初の給与で母親へプレゼントをした人はたくさんいました。三男の友人も同じようなものです。二回目からの給与は自分に使っても、最初の給与はお母さんへ。私は妙に心を打たれて感動していましたが、実はアラブではまったく普通の出来事なのでした。

怒りの矛先

しかし、実際のところ、ティーンエイジャーの日常は怒りと焦燥の連続です。思うようにならないことが世界に溢れていて、もがいても努力してもどの出口にも近づけず、先の見えない闇の中をめちゃくちゃに走り回っているような時期が青春です。

世界中の十六歳にとって、一番小うるさい相手とは母親ではないでしょうか。やれご飯は食べたか、シャワーを浴びたか、宿題は済ませたか、どんな友だちと付き合っているのだ、今日は何をした、これからどこへ行くのだと、息子たちに言わせると「ありとあらゆることを知りたがる」のが母親らしい。知らなくてもいいことを、知ってどうなるものでもないことを、知ったらかえって面倒臭くなることばかりを、母親は根掘り葉掘り訊くものだそうです。ふぅん、言われてみれば確かに私もそんなことばかり毎日訊いています。

実は、私だって答えを真剣に聞いているのでもなく、どんな返事がきたって「へぇ、そう」程度の聞き流しなのですが、家に戻ってきたら「おかえり」と言うのと同じくらい、自然反射的に質問する習性になってしまっています。

　では、世界で一番大切にしなければならないのが「母親」で、その母親が自分にとって歯噛《はが》みしたくなるようなつまらない質問を毎日してきたら、十六歳の少年はどうしたらいいのでしょう。

　思い出せば、確かに十六歳くらいの頃、子どもたちはそれぞれに抵抗を試みました。

　長男は十七歳になってすぐ家を離れてしまったので、毎日一緒にいたわけではありませんが、異国で一人暮らしを始めた息子にはるばる会いに行くと、私の言うことなんて何も聞かない青年に変貌していました。

　もう少しマシな日常生活を送れるように、短い滞在期間にあれこれ説教をしても、のらりくらりと返事を紛らわされるだけ。母親がいる間だけは神妙にしようとする魂胆が見え見えで、何でもはぐらかされてしまうのです。

　一緒に留学している息子の友だちに、

「あなたも、家ではこんな風にお母さんの言うことを聞かないの？」と訊いてみたら、その青年は下を向いて、「時々はね」と笑いました。

「どんな風に聞かないの」

「それはー、まぁー、ママのご飯を食べないとか」

　はぁん、反抗するといってもこの程度なのだと思いました。イスラームの教えがあるから、面と向かって母親と対立することはできません。出来るのは、ひたすら従わないことだけ。随分と紳士的な反抗だと当時は思いました。

亀の歩み

長女の抵抗はまた別の形でした。母親の私と意見が合わないと、女性だからひとりで外出するわけにもいかず、家の中でいがみ合うことも出来ないため、貝のように口を閉ざして自分の世界に埋没してしまうのです。

それはまるで、「本当の気持ちは誰にもわからない」という文字が顔全体に書かれたかのごとく、眉をひそめ唇を結んで、何時間も何日も口を開かないのでした。

家族での外出を極度に嫌い、何日も外に出ないことを心配して無理やりショッピングセンターに連れて行こうものなら、亀より遅く歩きます。私と次女がある店で買い物を終え、そのあと三、四軒の店であれこれ試着して、その先のカフェでアイスクリームを食べていても、長女は最初の店から百メートルも歩いていないことがよくありました。こちらも堪忍袋の緒が切れて、「もう少し早く歩けないの」と手を引こうとしても、長女はその場に立ち尽くして彫像のように動かなくなります。何が欲しいのか、どうしたいのか、どうしたら機嫌が直るのか、貝のように閉ざした口から訊き出すことはできず、彼女と外出することはまったく頭痛の種でした。

大学に入って寮生活を始めたことで、彼女の生活はもちろん大きく変わりました。ふだんは親元を離れていながら、毎週末に帰ってくる生活は、彼女の独立をゆっくりと、しかし確実に促してきました。田舎を離れて都会に住む高揚した気分と、車がないので不自由ながらも寮の友だちとタクシーで買い物に出たり、ショッピングセンターで映画を観たり、奨学金*で新しい靴を買うことは、確かに彼女の独立を精神的にも物理的にも保証してきました。寮に戻るバスの時間に間に合いさえすれば、大学周辺を移動できるので、少しずつ行動範囲を広げながら自分の意思で自由な生活を始めました。

十九歳で車の免許をとってからは、ウンムアルクエインの町を自分で移動できるようになりました。しかしこの町には歓楽街もなく、女がひとりで歩きまわれる空間もないので、もっぱら高校のクラスメートと車でケーキを買いに行くくらいが関の山です。UAE国民が住んでいる住宅街を越えず、**人目の届く中規模スーパーまでであれば、夜のお祈りの前までは（夕暮れから二時間後くらい）、どの道を通っても問題はありません。

しかし、自由に空間移動できることが、アラブ女性の意思を変える大きなファクターではないのではないかという気がします。アラブ世界では、たとえ運転ができようとも、行けないエリアや時間帯は無数にあります。父親に「ここへ行ってはいけない。このエリアを通ってはいけない」と言われれば、移動の空間は存在しないのと同じことです。これはアラブという国特異の社会的風習、家族的な制約といえるでしょう。

宗教と深く関わらず、日本で自由に育った私でさえ、「一般家庭の女性」として同じルールが当てはめられます。父親や夫が「行くな」という場所は、必ずそれなりの理由があって、女性が行く場所ではなかったり、外出する時間帯ではないことを指しています。それは、男性だけが集まる場所だったり、アルコールが出る場所だったり、夜だったり、自分と社会（ソサエティ）を共有する人間以外の集まる場所だったりすることがほとんどで、アラブの一般女性が行く必要のない場所、勇気を持って出て行ったところで何ひとつ得することのない場所です。

抵抗の弱まり

夫は決して、娘を安全地帯だけにとどめておこうとする父親ではありません。その証拠に、娘が十八歳の夏は、北京の大学に二カ月間ひとりで留学させました。今年の夏は、大学のインターンシップでスイスの研究所に二カ月間行かせました。どちらの大学・研究所も男女がまざって生活する空間だし、どこへ行くにも公共の交通手段を使わなければなりません。

昨年の夏、夫は仕事の出張と一緒に娘を北京まで連れて行き、住む場所を確かめ（大学の寮はあまりに汚かったので、大学に隣接するホテルに住まわせた）、銀行口座を開いてカードの使い方を教え、大学までの安全な通路と公共交通手段の乗り方を教え、近くの食堂を案内して、娘を北京に残しました。

＊　長女の通う工科大学は成績によって給与が出る。成績上位者は高額の給与をもらい、中位者は低給か無給、低位者は退学となる。

＊＊　貧しい労働者の住まいが並ぶエリア、移民のエリアには行かない。

その夏に中国から娘が日本に来たときも、成田空港からバスを使ってひとりで都内まで来させ、その駅に私が迎えに行ったという経緯でした。日本は衛生的だし安全だし、ひとりで歩いても心配ありません。

今年の夏、インターンシップのためにジュネーブにある物理学研究所についたとき、娘は仲間の女学生（UAE人）とふたりで生活を整えなければなりませんでした。

なにしろ驚いたのは、研究所の寮のトイレが男女共用だったことです。娘は、トイレのドアに男女が並んだマークがあるけれど、これはどういう意味？　と携帯電話で写真を送ってきました。また、男女別のシャワー室は外部にあって、いちいち部屋の外へシャワーを浴びに行かねばなりませんでした。きっと建物の構造が古かったのでしょう。

彼女をスイスへ送った奨学金オフィスは、その話に仰天して、アラブ人の大事な娘さんを男女共用トイレしかない寮に住まわすわけにはいかないと、すぐさまホテルへ移動するよう指示しました。しかし、ホテル側は滞在期間の全額を前払いするか、銀行口座に十分な入金がなければ入居できないと娘たちを断りました。ジュネーブのホテルは高額で、手持ちのお金では足りませんでした。おまけに到着翌日は日曜日だったから、銀行は開いていません。それでも娘たちは、どうにかこうにか自分たちの力でホテルに入居することができ、銀行口座も開いて、研究所でたくさん働いてきました。

このように、夫は（それに娘の友人の父親も）娘たちの良識を信じて、国際的な移動や活躍を支援こそすれ、阻むような意思などまったくないのです。

今、二十歳となる長女の抵抗が収まってきたのは、大学に入って親と距離を持ったことや、都会でわずかな空間移動の自由を得たこと以上に、自分の意思と努力が実ってきたからだと思います。自分の外観が少しずつ見え始め、進路を見出し、給与や機会を手に入れていく日々は、彼女に抵抗などまったく必要ないほどの精神的安定をもたらしています。その根底には、努力が実る社会にいる幸福感、UAEが平和で安定し、教育に力を注ぎ、さらに男女機会平等の国家であること、理不尽な理由でそれを阻む家庭に育たなかったこともあるはずです。

抵抗するパワーや時間を、努力に費やした方がいいと知ることができた人間は、つくづく偉いし幸福だと私は思います。

眠りの王子

さて、ただいま十八歳の次男は「眠り病」にかかっています。「面倒臭い病」と言い換えてもいいかもしれません。この病はしつこくて根深い。いったい病なのか習性なのか見分けもつかないのが難しいところです。

次男は週末になると、男子学生用のバスで大学から家に戻ってきます。木曜の夜と金曜日、そして土曜の夕方までは家にいるのですが、その七割は眠って過ごします。次男にとっては何もかもが面倒臭く、誰と話すのも億劫で、寝て過ごすのが一番楽なのだそうです。長男が不在だから、夫のいない間は家長として家の仕事をたくさんしなければならないはずが、家の仕事は面倒臭い、頼まれごとも買い物もわずらわしい、文句を言う母親に返答するのも面倒で、何にも反応しなくていいように、ただ眠るのです。見ザル言わザル聞かザルを絵に描いたような行動パターンで、これほど厭世的になる理由は何かと私は頭を捻りました。

最初は大学の勉強が難しすぎるからかと思っていました。

大学一年を終える頃、

「僕はまだ十七歳なのにこんなに勉強するなんて、人生がつまらない」と言い出すので、驚いて、

「学費無料って有難い国に住んで、おまけに給与までもらっているんだから、一生懸命勉強した方がいいね」と言うと、

「そういう面倒臭いこと言わないで」と一蹴されました。

次には車がないからかと思いました。青年が自由にあちこち行くには車は必需品です。[*] 出歩いて友人と遊べば、眠り病もなくなるかと思いました。しかし、免許をとった次男は車を買うでもなく、ディーラーに見に行くでもなく、車のパンフレットを机の上に放り投げたままで、しばらくすると、もう大学へはバスで往復すればいいと言い出しました。

そのうち、「大学一年のときは衛星打ち上げチームに入って忙しかったから、成績が悪くなった。もうチームには入らない」と宣言したかと思うと、二年目はどのクラブにも入らず、イベントにも関わらず、かといってガリ勉するでもなく、見る間に「眠り病」を患ってしまいました。

「そんなに寝ていると身体に良くない」と言えば、

「家で起きていたら、人は僕にいろいろ頼むでしょう。それが嫌なんだよ」と答えるので、悲しい気持ちになりました。

確かに私は、背が高い次男に「電球を取り替えてくれ」とか「棚から物を取ってくれ」と頼みます。けれども彼の返事は決まっています。

「今じゃなくてもいいでしょう」

「となりの電球は点いてるから替えなくてもいい」

「それがなくたって困りはしないよ」

また、弟や妹も近所のどこそこへ連れて行ってと頼みます。特に弟は、親には頼みたくない場所へこっそり連れて行って欲しいとせがむのに、兄貴風を吹かせて「そんなところは行かなくたっていい」と返事します。

私は呆れて「ママの頼みごとは聞かなくてもいいから、弟たちの頼みは聞いてあげなさい」と言っても、

「必要ないんだよ、そんなこと。お前も寝ればすぐに忘れるって言っといた」とこうです。

「それじゃあもう何も頼まないから。起きて好きなことをしたらいいでしょう」と言うと、

＊　砂漠の国UAEには一部都市内のメトロしかなく、街と街の行き来は車しか手段がない。

「好きなことは寝ることなの。放っておいて」と寝続けます。

頼みをむやみに断られた三男は、

「あんな馬鹿な男はいない。免許を持っているのに車を持ちたがらないUAEの男は、あいつが初めてだ。頭ン中まで腐っているに違いない」と、それはもうキツい批判をします。

しかし次男は大学にはちゃんと通っていて、授業にも出るし、平均的な成績をとっています。最低限それをしているから、余計なことは何ひとつする気はないらしい。最近は食事を取るのも億劫で、一日一食の生活でガリガリに痩せてしまいました。

夫に相談すると、「あれだけ痩せていたら疲れるだろうな。ご飯だけは二回食べろと伝えて、好きなようにさせなさい。寝るだけ寝たら、そのうち起きるさ」と、何ともアラブ風に寛大なのです。仕方なく、私は週末に次男が家にいるときも、いないと同じと考えて、当てにしたり質問したり、それこそ返事を待ったりすることさえ諦めました。

最近では、『三年寝太郎』の昔話が私の支えです。眠り続けた寝太郎が、三年経ったある日にふと立ち上がり、「旅に出る」と家を出て、世間様に役立つことをするのです。いつか次男も大きな伸びをして立ち上がり、楽しげに外に出て行く日が来るのを夢見ています。

生産性と人間の価値

アラブ人の家族観は、宗教が深く影響していると書きました。イスラームで最も立派な人間とされているのは、「自分の家族に優しい人」です。

もともとムスリムには自己否定という概念がありません。神が自分を創りこの世に送ったことには必ず意味があり、すべての生は神の慈しみを受けています。自分の誕生・育成を助けた両親に、

世界で最もよい人は、家族に優しい人であるとイスラームは教えている

感謝し孝行することは、子どもとしての大切な務めです。また同様に、大人になり結婚して子どもをつくり、愛し養育していくことも大きな務めです。家族に面と向かって反発したり、家族を捨てたり、面倒を看ないでいることは、人間性から大きく離れた罪深い行為とされています。*

先進国出身の人間の多くは、家族がそれなりに「生産的」であることを前提に考えています。子どもなら年齢に応じて勉学したり手伝ったり、若者なら働くのが当然です。老人だって自分の身の回りの世話は自分でしてもらわなければという考えは、多くの先進国社会に根付いています。五体満足で教育も終えながら家でのんびりしている人間は、すぐにごくつぶしの烙印を押されます。私自身も、次男が

* イスラームでは出家を禁止している。家族と共に生きて、宗教上の義務を務めることとされている。

大学の勉強以外の仕事をいっさいしないことに、つい苛立ったりしてしまいます。

しかしアラブ・イスラーム社会では、生産性があろうとなかろうと、神から生を受けたものとして、誰でも同じように大切にされます。生産性が人間の価値を規定する大きな要素とは捉えられていないのです。

もともと、二十世紀の産業革命以降に現れた生産第一主義、そこから発展した効率第一主義は、アラブの厳しい環境とは相容れないものです。農業や工業などは、労働と時間を組み合わせて生産性に結びつけることは可能です。しかし、この厳しい灼熱の環境下では、放牧や漁業を中心として社会を支えてきた労働が、時間や地道な努力と関連して生産性をもたらすとは限りません。かえって労働に長時間をかければ、自分の身体が壊れてしまいます。さらに、労働そのものに価値を置いて暮らせば、健康とともに、最も大切な人間性を失う恐れがあります。その人間性なるものが、「家族を大切にすること」、「親を敬い孝行していくこと」だとイスラームでは教えています。

イスラームの教えで私が「合理的」と感じるものの中に、五行のひとつである「喜捨」についての教えがあります。喜捨は一年に一度の大切な義務ですが、まずは困窮している自分の家族や親族を助けなければなりません。身近にいる困窮者をそのままにして、他者に喜捨をし徳を積もうとしても、義務を果たしたことにはならないのです。

五行のひとつである「巡礼」でも、一生に一度マッカに巡礼に行くように定められていますが、経済的にも肉体的にも「それが出来るならば」という条件が付いています。その条件の中には、残していく家族が困窮しないように、十分な蓄えを用意することも入っています。自分だけ神様への義務を果たし徳を得るために、全財産を路銀に使ってしまうことは許されません。そんなことをしても巡礼を果たしたことにはならないのです。

同様に、イスラームでは「出家」という概念はありません。教会組織や本山制度のないイスラームでは、神と信者は個人的な関係で結ばれています。それぞれの信者は常に家族とともにあり、地に足のついた人間的な生活を送りながら、ウンマ（世界中のムスリムがつながっているコミュニティ）を助け、世界のムスリムとつながり、教えを実践していくことが奨励されます。「ただ祈ればいい」として、人間的な生活を放棄し、朝から晩まで祈るような生活態度は厳しく戒められています。

こうしたイスラームの教えを知れば、迷える十代の少年少女たちが、親に直接的な抵抗を試みることはずいぶん難しいのだとわかります。母親や父親へ抵抗してはならない、家族は大切にしなければならないという宗教的な義務・抑制は、しかし、それでも世の多くの家族を救ってきただろうという気がします。

心の中に溜まっている苛立ちや苦しさを、直接的に身近な家族にぶつける方が苦境を乗り切りやすい、と考える人もいるでしょうが、私はそうは思いません。家族だからといって、言ってはいけない言葉は決して言わない方がいい。家族だから許されるとして、傍若無人な行動をとらない方がいい。家族の絆だってもろく壊れやすいものです。たとえ大きな内出血があったとしても、表面を切ってあえて血を出さなければ時とともに引いていきます。時間はかかるけれど、引いた後は表面も内面もきれいです。目に見える残った傷がない方が、後にはよほど仲直りしやすいと感じるのは私ひとりでしょうか。

それぞれの苦しみ

貝のように口を閉ざして物を言わない、返事を留保してのらりくらりと誤魔化す、ただ眠って嵐が過ぎ去るのを待つ、家を飛び出して泥沼にはまりながら自転車をこいで釣りに行く――子どもたちはそれぞれに知恵を絞って、出口のない怒りや焦りをどうにか自分なりに咀嚼《そしゃく》しようとしてきました。

親として大切なことは、イスラームの教えを盾にとって、子どもたちをむやみに傷つけないことかもしれません。傷つける行為の中には、安易な批判をしたり、理由を追及したり、生産性で価値を計ったり、一方的に是非を説くことも入っているでしょう。子どもたち（たとえ彼らが壮齢に達していても）は、神に敬虔であろうとすればするほど、親に対抗できない立場にいるのですから。

夫はいつも、三男がどれほど疲れていても気前良く釣りに行かせます。「今晩のおかずは鯨かもなー」と声をかけ、タイヤの空気を確かめ、車輪のはまりやすい道を迂回するよう細かく指示したりもします。

次男に対しても、「くたびれているなら寝なさい。ちゃんとご飯を食べて、あぁもう元気になったと思うまで寝るんだ」と、鷹揚《おうよう》に構えています。眠りや休息は大切だとして、決してその裏にある理由を訊こうとも追及しようともしないし、急がせたりもしません。

そういえば、亀より遅く歩く長女にも、おいしそうなアイスクリームを買って手渡し、「溶けて垂れると困るから一緒に座って食べよう」と腕をとって、よく近くのカフェに座らせていました。「甘いものを食べたら女は機嫌が直るんだ。ママで証明済みだ」と笑いながら。

それぞれの抵抗を、それぞれの対処法で、家族を愛する心にすり替えていく夫の機微を、私は魔法をみるように感心して眺めています。親に反抗しないことも、家族を愛し育むことも、「神の定めた人間社会の大切な義務」であるとして、この現代に実践しているイスラーム社会の心地よさを感じながら、刻々と育っていく子どもたちを見守っています。


（二〇一三年十二月）

不平等の法則

芸術の振興は時代や施政者によって異なる

スペリング・ビー

先週、学校から戻ってきた次女は唇を結んで、何やら言いたいことがあるような顔をしていました。二階に上がる前に振り向いて、二、三度口を開きかけ、また黙り込んでしまいます。

「まずは服を着替えてきて、食事をしながら話しましょう」と私は促しました。次女は、近所にある地元公立女子高校の十年生（高校一年生）です。

テーブルについて、食事を少し口にしてから訊きました。

「今日、何か困ったことがあったんでしょう」

娘ははぁ～とため息をついて、話し始めました。

「今日（日曜日で週始めの日）は、抜き打ちでスペリング・ビー（英語のスペリング競技会）があったの。でも昨日わざわざ学校から連絡がきて、予定が変わって来週に持ち越されたと言われたばかりなんだよ。それなのに、学校に着いたら一時間目に事務局から呼び出されて、今から競技会に行くからすぐにバスに乗れって、いきなり言われた」

前日の土曜日、娘の携帯電話に高校の英語教師から連絡がありました。先ほどウンムアルクエイン教育庁の英語のスーパーバイザー（英語教育に関する一番トップにいる人）から電話がきて、「スペリング・ビーは翌週に持ち越された」と伝えられたというのです。だから、明日は学校から外出する準備をしなくていいと教師は言いました。

高校生が学校から外出する場合は、親の同意が必要です。そのため事前に連絡が来て、どこに何をしにいくか、きちんと親に告げられます。また、女生徒は制服の上にアバーヤとシェーラを着用しなければならないので、外出する日は自宅から用意していきます。スペリング・ビーが延期になったときいて、試験やプロジェクトの提出期限が迫っている次女は、安心して他の宿題を済ませたのでした。

そうしたら翌日曜日の朝一時間目に、「やっぱり今日なんだって」と言われて、有無を言わさずアバーヤもなくバスに乗せられました。バスには、一緒に参加者に選ばれた十一年生のアマーニが乗っていました。

「アマーニも同じ連絡を受けていたから、昨晩はスペルの勉強をしなかったみたい。だから一番先に外に出されちゃったの」

スペリング・ビーの競技会は、映画などで見知った人もいるでしょうが、参加する生徒がひとりずつステージの前に出て、審査員の指示する英単語のスペルを言います。スペルが合っていればそのまま着席を許され、間違っていたら外に出されてしまいます。出場者（高校十年生から十二年生まで）は年齢による差別はなく、出題範囲を書いたプリントが事前に全員に配られました。一つ一つの単語には、スペルと意味、同音異義語、反対語なども書かれてあり、競技会ではスペル以外のことまで訊かれるので、それらを全部暗記しなければなりません。次女は、一三六〇の単語がぎっしり書かれた二十一枚の紙を、十二月中にもらっていました。

「だけどね、出題される範囲に含まれた単語でも、私とアマーニにはすごく長い難しい単語を訊くんだよ。あとの人はシンプルでわかりやすい単語を訊くのに」

「それは気のせいなんかじゃなくて？」

「順番でまわって何十回も質問されるんだから、そんなのわかるよ」と娘は口を尖らせます。

「それにね、アマーニはたった一度間違えただけで出されちゃったの」

私は笑いました。

「それがスペリング・ビーのルールじゃない。一度でも間違えちゃダメなはずよ」

「そんな〜、他の生徒は何度も言い直させていたよ。明らかに間違えたスペルでも、生徒が言い終える前に審査員がもう一度英単語を繰り返して、また最初から言い直させるの。あれは、きっと……」

娘は目を泳がせて、ちょうどいい日本語を探しています。

「示し合わせているんだね」

私は黙って娘の顔を見つめました。

「競技会には誰が参加したの」

「生徒はアルムアラ高校から三人で、全員エジプト人だった。うちの高校はふたりともローカル（UAE人）だよ」

「他の高校からは誰も来なかったの？」

「来なかった」

国籍による差別

ウンムアルクエインには女子高校が四つあります。半島の内部にあるアルムアラ高校は一番規模が大きくて、生徒数も六百人はいます。その次が、新興住宅地となっている内陸部のサルマ高校。私たちの家から三百メートルくらいの場所にあって、生徒数は三学年で三百名くらいでしょうか。あとの二つは分校で、四十キロほど離れた飛び地にあるファラジ校と、三十キロ離れた飛び地のラファ校。両方とも小さな町なので、中学高校含めての生徒数は百人に満たなくて、英語のできる生徒の数も少なく、最初から競技会には参加しませんでした。

「それにしても全員がエジプト人とは珍しいわね。ルールが変わったのかしら」

オリンピックなどの国際競技会の出場者を決めるには、まずは国内で地域ごとに競技会を開きます。UAEならそれぞれの首長国で開催され、そこで勝ち抜いた人たちが全国大会に進みます。全国大会で優勝した人が、UAE代表として国際大会に出るのです。

一般に、地域の競技会に出場できるのは公立校に限定されています。どの競技会もアラビア語で出題されるので、全教科を英語教育している私立校は対象には入りません。アラビア語で教育する私立校はほとんどないし、あってもUAE子弟はいません。無償で教育を受けられる公立校がありながら、わざわざ高い教育費を払って私立校に入れる家庭はないからです。主に私立校に通わせているのは、子どもに英語教育を与えたいと願う少数のUAE家庭だけです。国際競技会のルールは、どの国でもその国籍を持っている人だけが出場する権利があります。当然、UAEの出場権はUAE国籍の人間にあります。とすれば、わざわざ各地域の競技会に、外国人が勉強する私立校を招く必要はありません。たぶん、これは日本でも同じ状況でしょう。

娘は苦々しい表情で続けます。

「アルムアラ高校には、ものすごく頭のいいUAE人の十一年生や十二年生がたくさんいるのに、誰も来なかったのはどうしてかな~って思ってるの」

「校内で負けたってことじゃないの」

「いや……」と娘は首を傾げます。「あんな勝手な選考をされたら、誰だって落とされちゃうよ」

「つまり、あんたはわざと落とされたって思っているわけね」

ふーん、と鼻を鳴らして娘は黙り込みました。ご飯をもぐもぐと噛みながら小さい声で続けます。

「一番の責任者であるスーパーバイザーが、競技会の日を知らないはずないじゃない。いくら予定がしょっちゅう変わるアラブだって、週明けの日曜日にあるなら、週の終わりには、競技会は決まっていたはずだよ。それを延期されたってわざわざ参加者に電話してくる理由は、決まっているよね」

つまり娘が言いたいのはこうです。

エジプト人のスーパーバイザーが、教育庁も学校も閉まっている週末にわざわざ英語教師に電話してきて日程の延期を伝えた。それは自分たちに最後の勉強するチャンスを与えないためだ。週末には教育庁も学校も閉まっているから、競技会の予定が変更されたはずはない。いかに変更したって、当日の朝になって「来週に延びた」と言えばいいだけで、「参加する生徒にこのことを伝えろ」と英語教師にわざわざ電話してきたのは、最後の追い込み勉強をさせないためだ。つまりは、三人のエジプト人生徒を勝たせたかったのだ。[*]

こういう話を聞くと、ふつうの日本人は笑います。

＊ アラブではクルアーン暗誦中心に教育文化が広がってきたので、一般に暗記は得意である。そのため追い込みは最後の晩の暗記力にかかっている。

「まさか、教師である立派な大人がそんな操作をするわけないじゃない」と。

しかしアラブ社会の現実は違います。これは私自身が五人の子どもを二十年以上も学校に通わせながら、身を以って経験し学んできたことですが、不正や操作はどんな場面にも存在します。

「社会は不平等だ」という前提で世界が成り立っている――これは、平等主義、機会均等主義、国民皆中流という既成概念が浸透している日本、さらに教育現場では一種異常なほど〝権利の平等〟が強調されている日本から来た私には、衝撃的な事実でした。

マイノリティの弱み

UAEは幼稚園から大学まで、自国民には教育は無償です。しかし、公立校には他にも入学を許された外国人生徒たちがいます。アラブ系外国人で親が省庁に勤めているのであれば、その家庭の子弟は一人だけ入学を許されます。例えば、エジプト人の父親が労働省に勤めているのであれば、その家の子ひとりは無償で公立校に入れ、シリア人の母親が公立学校で教師をしているなら、その子ひとりは無償で公立校に入れました。しかし二人目の子どもからは、年間六千ディラハム（約十八万円くらい。一般の私立校に比べたら五分の一くらいの教育費）を支払わなければなりません。省庁に勤める親だけでなく、モスクにいるイマーム（モスクの管理人であり、祈りの先導者）や、半政府系団体などに勤めても同じ条件です。また、外国人子弟の数も学校全体の二割までに限定されています。

しかし、いかに省庁に勤めている外国人でも、アラビア語を話さない両親、ムスリムでない両親の子どもは入学できません。

「外国人が参加できるってことは、スペリング・ビーは教育庁主催じゃないんだね。英語教育団体（ブリティッシュ・カウンシルなど）とか、他のスポンサーがやっているのかもね」

「さぁ、わからない。大会に参加できるのはウンムアルクエイン首長国からは四名なの。そのうち三人もエジプト人なら、教育庁の主催じゃないんでしょ」

「すると、スペリング・ビーは外国人が参加できる、ほんの僅かな、稀なる機会というわけだね。なぁるほど、それなら不正も出るわけだ」

十年くらい前のＵＡＥでは、国内競技会には外国人子弟の参加を三分の一以下の率で許していました。それは、教育がまだ広く深く浸透していなかったせいで、ＵＡＥ子弟の生徒だけでは、競技会のレベルが非常に低くなってしまうからです。外国で高い教育を受けたアラブ系外国人の両親は、自分の子どもたちの教育に非常に熱心で、子弟の多くは好成績をとります。彼らが競技会に参加していれば、間違いなく高いレベルは保たれていました。

しかし、一九七一年からの教育振興のおかげで、今やＵＡＥ人の生徒も同じくらいの成績をとれるようになりました。加えて、若年人口・就学人口が爆発的に増えて、各首長国で競技会を開くことが可能になるほど、学校数も生徒数も増えました。そこで、数年前から国内競技会に参加できるのはＵＡＥ子弟に限定されたのです。

しかし、好成績をとる外国人子弟にとって、努力とは関係ない国籍の違いで何の競技会にも出られないことは、まったく不平等に違いありません。自分はどれだけがんばって一番をとっても、国籍が違うからどの表舞台にも立てない。ならば、民間が主催する競技会のように外国人も参加できる稀な機会は、絶対に逃したくない。今回のスペリング・ビーは、当然、外国人生徒が優遇されるべきだと意識して、選考でどんな不正を行ってもUAE人を退けてきたのでしょう。

「何かさもしいね」

「さもしい？　それは、どんな意味？」と娘は訊きました。

「意地汚いと浅ましいと恥を知らないのミックスかな」

娘は鼻を鳴らします。

「怒ったってしょうがないよ。あの場にいたら誰も文句は言えないし。相手はスーパーバイザーだし。UAE人の英語教師は一人も来ていなかったし。ま、そういうもんだって思わなきゃね」と引き際がやけにあっさりしています。

私は二十年過ごして、もうそうした不正に対して怒るのを止めました。無駄だからです。娘いわく、怒ったってしょうがない。不正は常にあり、その裏には常に不平等観があり、そこに歩みよりはありません。今回のケースで言えば、エジプト人から見たら「不正」でも何でもないのです。好成績をとる生徒がなぜ同じ条件で表舞台に立てないのか、自分たちは納得がいかない。UAEが自分の足で立てない時代に自分たちはUAEにきて、これだけ貢献した。それなのに自分の子どもたちが優遇されないのはおかしい。自分に近しい人々を身贔屓《みびいき》するのは、アラブ人にしたら当然だ。

自分が身近にいる同類を助けなければ、いったい誰が助けるのだ。誰もが看過できるくらいの操作など、どこにでも存在するし、正義から逸脱しているわけではないと考えます。

それは、ある種、イスラームの「家族を大切にする教え」につながるものがあります。まずは自分の家族を助けること、次に同属を助け、同属のあとにはムスリムを助ける。もちろんイスラームの教えには「不正をしてまでも」という言葉はありません。しかし、そこには多くの社会風俗が混在し、不平等観がはびこり、自分に都合のいい解釈・欲望・煩悩が入り込んで、「社会の別の不平等をここで挽回する」という意識が働くのです。

しかしUAE人から見たら、学校が存在しなかった貧しい時代から四十年経って、やっと教育が普及し、UAE国籍の子弟が表舞台に立てる時代がきたのです。競技会なんて各国がもつ当然の権利であって、UAE国籍の者がUAEを代表すべきだ、エジプトは長い歴史の中で、教育も経済もすばらしい時代を謳歌したではないか、どうしても国の代表になりたいなら、エジプトに戻って競技会に出ればいい、と考えます。

この違いは堂々巡りです。ならば結果をとった方が勝ち――つまり、そこまでの道のりを整えた者の勝ち――と考える集団の中では、個人が怒ったってしょうがないのです。私は二十年かけてこのことを学びました。

アラブ社会では当然

食事の間に夫が帰宅しました。

私たちの会話に入ると、何でもないことのように言いました。

「まぁ普通のことだね。今に始まったわけじゃないし、UAEに限られるわけでもない。自分がどの立場にいるかを知って、常に、それ以上を目指さないといけないのさ」

夫が言うのは、表舞台に立って結果を残したい外国人ならば、スーパーバイザーを巻き込んでも、ある程度の不正を働いても、絶対にこのチャンスを逃さないよう努めるだろう。反対に自国民は、そうした小さな不正や操作を乗り越え、選考員も生徒も文句の言いようがないほど鮮やかな高得点をとって勝たなければならない。そこで初めて「平等」あるいは「公正」という概念が「共有」されるのだ、という意味です。

そうした概念の「共有」について考えさせられたのは、長女の時代です。

長男や長女が高校生だった頃は、まだ公立校教師の半分がアラブ系外国人でした（男子校は今でも九割以上が外国人教師である）。教師は成績をつけるときに、当然のごとく自国民を優先します。エジプト人教師ならエジプト子弟に、シリア人教師はシリア子弟に、ヨルダン教師はヨルダン子弟に一番いい成績をつけます。

十年生までは、長女はどんなにがんばっても高成績は取れませんでした。体育や音楽、美術、英語、数学、科学といった約半数の教科は、教師は外国人で（高校教師になれる人材がUAE国民にまだ育っていなかった)、何を基準に成績をつけるか予測できなかったからです。

例えば、体育の授業は、実質的には女子高では年間で一度も行われません。しかし成績はつけられます。スポーツ教師は授業はないものの、朝礼で体操を指導する義務があり、娘がさまざまな理由で朝礼に出ないと減点します。学校へは決まった時間にバスで登下校するので、どの生徒も授業に則した仕事やプロジェクトの準備などは、朝礼や休み時間を使ってするしかありません。娘が仕事をしていて朝礼に出ないと、体育で減点されるのです。反対に朝礼に出て、その他の準備を怠ると、今度は他の教科で減点されました。

美術や音楽は、きちんと授業に出て作品を提出しても、競技会へ出場しなければ百点をもらえません。競技会に出ようとする生徒の絶対数が少ないからです。もし校内から誰も競技会に出ないならば、学年で百点をもらう生徒はいませんでした。

その他、何を基準に評価するかわからないコンピュータ教師、宗教の規律を日常生活で少しでも逸脱すれば許さないイスラーム教師、口述試験で詩の韻の踏み方が気に入らないと減点するアラビア語教師など、一介の生徒からすれば、そうした減点をとても避けることはできません。

これらは明らかに基準のないもので、不平等観に根ざした感情的な減点と言えます。同時に、「先生の支援を得られれば」百点にすんなり変わることも可能な数字です。実はそれを可能にするには、母親が頻繁に学校に通って先生方に支援をお願いしたり、校長から「支援するよう」指示を出してもらったりと、生徒自身の努力とは別の努力が必要になるのでした。しかし、日本人の平等観で育ちあがった私には、あまりにバカらしくて、そんな努力をする気にはなれませんでした（当時、アラブに蔓延する不平等感に対して私はまだ懐疑的で、こんなことが生徒の成績に反映されるとはついぞ気付かなかった）。そのため成績は高得点にはならず、娘も黙ってそれを受け入れていました。

それが十一年生になり、理系と文系に分けられると、様子が変わってきました。理系は教科も多くて難しいために、外国人生徒も少しずつ脱落していきます。また、理系の問題の多くは正解がひとつしかありませんから、答えが合っていれば、教師が簡単に減点することは出来なくなりました。その後、長女は高二、高三と成績を全国の生徒と競ってきました。卒業試験で全国十位以内に入れば、どの大学のどの学部にも入学できます。また十位までは新聞にも大きく名前や写真が報道され、一族の誉れ、学校の誉れ、首長国あるいは国の宝として扱われます。大統領や首相からも金一封が贈られて、その中身は車一台かるく買えるほどの金額なのでした。

しかし十番という成績を残すには、限りなく百点に近い結果が必要です。九十九点から小数点以下の数字を上げていくためには、それこそ百回の試験を百回とも、全教科で満点を取り続けなければなりません。そこに教師の感情的な減点が〇・五点でも入れば、娘はレースから外れてしまいます。

十一年生の終わりに、ようやく立場は逆転しました。

娘の命を削るような努力を見続けて、教師全員、学校全体が支援する方向に変わったのです。そこには、自国民を優先させる感情はもうなく、つまらぬ減点で生徒の努力を無駄にさせてはいけないという強い教師愛が漲《みなぎ》っていました。外国人教師もUAE教師も細心の注意で採点や評価を進め、さらにイスラーム教師は学校中に目を光らせて、誰も邪悪の目*を娘にかけないように、生徒も教師も厳しく監視していました。

逆転したときの学校での歓待を、私はまるで場面がいきなり変わったシェイクスピアのステージのように、ただ驚いて眺めていた記憶があります。「とうとう校内から全国上位者が出るかもしれない」という期待は、学校全体、教育庁までも巻き込んで盛り上がりました。

夫の言葉通り、娘はあれほどの努力をして、ようやく誰にも内在する不平等観に打ち勝ったのです。「常にそれ以上を目指し、周りの人間を納得させ」て、人々の支援を手にしました。さまざまな国籍や違う立場の人間全員から「平等観」を引き出すのに、どれほどの努力をしたか、私は目の前で見ていたので知っています。

不正が前提

ここで少し面白い話をします。全国の公立校の期末試験はすべて、連邦教育省が毎年作成します。学期も終わりに近づくと、試験用紙はがっちり封印した袋に入れられ、各首長国の教育委員会に直

＊　広くアラブ・アフリカ地方に普及している風習で、邪悪の目をもった人間に狙われると、美、幸福、優秀さ、健康、名誉などが妬みのエネルギーで破壊されてしまうと人々は信じる。

接車で搬入されます。それを、教育委員会は鍵のかかった金庫に厳重に保管します。試験直前、教育委員会は首長国内に散らばる各学校に配布して、学校も金庫に保管します。事前に漏れたりしては大問題になるのです。特に高三の学年末試験は、厳重にも厳重に保管されます。

どの学校でも、期末試験は自分たちの教室ではなく、壁からすべての展示物をはがした、まったく別の学年の教室で行われます。机は、教室の左右と中央に三列に並べられ、前後も二メートル以上の間隔を取って配置されます。すると名簿の後ろの生徒は教室からはみ出してしまいますが、講堂や体育館に座って試験を受けることになります。試験官は各教室の前と後ろに直立しています。

息子の高校では、試験会場は最初から教室ではなく、体育館や講堂を使います。同じ学年の生徒が名簿順に一列並んだら、二メートル離れた隣の列には、違う学年の違う専攻の生徒が並びます。息子の高校には専攻が四つあり、試験問題がまったく違います。カンニング防止のため、これほど厳しい席順になるのです。

生徒は答案を青ペンで記入し、鉛筆は使用禁止です。修正液を使って書き直してもいけません。間違った部分は二重線で消して、正しい解答を空いたスペースに書きます。これは、生徒も採点者もあとから書き直すことができないようにするためです。

試験が終わると、隔離された教室で三人の教師が解答を採点します。一人では採点が偏る可能性があるため、三人が全部の解答を順に見るのです。特に高校三年の解答は、教育庁から派遣されてくるスーパーバイザーも採点者の一人となります。教師はすべての答案の採点が終わるまで、その部屋から出ることはできません。

生徒は一枚目の答案の上部に名前を書きます。しかし、この部分の上にだけさらに厚い紙が貼られて、生徒の名前がわからないようになっています。採点者が生徒によって点のつけ方を変えないためです。しかし、教師はどうしたって教え子の字の癖は覚えているもので、完全に公正に採点しようとも、どこかに感情移入することは否めません。ですから普通は、ちがう学年で別の教科を教えている教師が採点します。

私がおもしろいと書いたのは、このシステムの中には「教師も不正を働く」という前提があるからです。たぶんアラブ世界ではどの国でも同じように採点されているはずで、ペン使用も、修正液禁止も、スーパーバイザーの採点も、名前を隠すことも、不正を前提にしてつくられた対策というところが何とも人間くさい。

なぜこれほどまでに厳しく公正を期するのか、大学に入学試験制度がある日本ではとても理解できないでしょう。しかし、一般にアラブ世界では、高校の卒業成績とはそれほど重要で、一生涯、履歴書にも載せるほどの数値なのです。

正義はひとつではない

さて、そうした不正を「見て見ぬふりをする」という妙技も、実は私は学びました。といっても、私自身がある程度の不正は当然と考え、同じような不正をするのとは違います。とりあえず、正義の定義は一つと考えないことです。自分の信じる正義が、もしかしたら他人にはちっとも正義でない可能性もある、と疑ってみる。他人には決して通じない正義も世には往々にしてあり、さらに、理不尽にもきこえる他人の正義が、大きな目で見たら大義の範疇に入ることもある、と考えてみることです。しかし、自分勝手な正義を押し付けるさまざまな国民がいる中で、黙っていれば損ばかりのこともあります。黙っていて損をしたら自分がバカなのだと笑われたこともあります。反対に、自分の信じる正義を主張してみたら、あっという間に覆されて、人前で大恥をかいたことだってたくさんありました。

ある年、次女のクラスメートが扁桃腺を切除するので入院しました。その子はクラスであまり人気のない少女だったので、手術日には誰もお見舞いに行きませんでした。しかし次女は、「私が行かないと、他に誰も行かないかもしれない」と心配して、大きなギフトを持って病院に行きました。

翌日、クラスでは有志がお金を集めて、その少女にお見舞いを買うことになりました。私はお見舞い品にかなり高額なお金を使ったし、何しろお見舞いに行ったのは次女だけだったので、お金を渡しませんでした。お見舞いをしなかった人たちがギフトを渡すのだと思っていましたから。

すると近所のお母さんから文句が来ました。

「おたくの娘、お金を持ってこなかったのよ」

「でもうちはお見舞いに行って、もうちゃんとギフトを渡したから」と私が言うと、彼女はうーんと唸りました。

「そこがダメなんだよね、あんたのとこの娘は。勉強も出来るし、性格もいいし、何でもちゃんと出来るんだけど、そこがわかってないの」

私は受話器を持って黙りました。彼女は続けます。

「ちょっとのお金が払えない人だっているんだよ。払えても払わない人もいるんだよ。だからさ、払える人がいつだって少し多めに払うもんなのよ」

この理屈がどうにも私にはわからないのでした。

お見舞いに三十ディラハム（約八百四十円）を払えないクラスメートがいる——確かに、無国籍と呼ばれる子どもたちはクラスに何人もいて、その子らの親は船で不法に入国した人々だから、いい仕事には就けません。三十ディラハムがどうしても払えないのかもしれない。

じゃあ払えても払わない人とは誰だろう。外国人の子どもたちは、親はちゃんと働いて給与をもらっているから、三十ディラハムくらい出せるのだけれど、お見舞いなんかには出したくない。お見舞いは、自分よりも裕福なＵＡＥ国民が当然出すものだと考えています。では国籍の問題かというと、ＵＡＥ国籍でも絶対に自分からはお金を出さない人がいます。どういう家庭環境なのか、どういう教育方針なのかわかりませんが、お金があっても絶対に自分は払いません。そういう人たちにはどんなに平等を説いても、何も出てこないのです。だから、出す意思のある人たちからお金を集めればいいと彼女は言います。

私は「有志」なんだから全員から集めなくてもいいと思います。それに、集まった金額分だけ買えばいいんじゃないかとも思う。けれども、うちの娘は電話をもらって怒られます。うちの娘だけがお見舞いに行ったというのに。

実のところ、娘が怒られているのではなくて、お金を渡さなかった母親の私が文句を言われているのです。私はそこで「ずいぶん不公平じゃないの」と喉まで出かかって、言葉を呑み込みます。

世をまわしているもの

世の中は不平等で出来ているという前提を、私は思い出さなければなりません。ここで金額の平等を主張したら、「ギフトを買う」という行為は結局、お流れになるでしょう。絶対にお金は全員からは集まらないし、少額だったらギフトは買われず、病気の生徒は何ももらわないままです。そんな結果になることがわかっていて、平等を主張する意義はどこにあるのか、と近所の女性は私に問うているのです。

だから、私はなるほどと考え直してお金を出します。たかが三十ディラハムで物議をかもす必要などない、究極の目的はクラスからその子にお見舞いを届けることだと、私自身が考えられるか試されているようなものです。近所の人は、私はお金を払える側の人間で、払う気持ちもあることを知って電話をかけてきます。実のところ、彼女は近所の中では私と一番仲がいい友だちで、決して私を非難したり説教したがっているのではありません。できるだけ正直に伝えようとしていました。

私は常に、このような買い物をする場合は、払うべき人間の数で割れば一番平等で公正だと考える癖があります。しかし、アラブでは決してこのように考えません。より多くを持つ人が、あるいは今現在余裕のある人が、少しでも多めに出して、今ちょうど苦しい時期の人の分を補うという前提があります。

それは労働に対しても同じです。労働全体を労働者の数で割ると、ひとりひとりの平均値が出て、それが義務となると私たちは考えがちです。そんな風に世の中が成り立たないことは、誰でも知りながら、それでも日本人は労働を平均化しようとします。それはたぶん、日本人の多くは優秀で、与えられた労働を大多数の人間が出来るという前提に基づいています。

しかし、世界ではそうはいかない。

栄誉をもらう側がお祝いを出す

ある年、中学生だった長男を乗せて近所を運転していました。

私たちの車が通りかかると、近くのレストランから馴染みの従業員が走り出てきました。その従業員は四十歳過ぎのでっぷりと太ったエジプト人で、ひとさし指を立てて両腕を振り回しながら、夢中で車を追ってきました。

その姿を見て驚いた私は、

「何か言いたいことがあるみたいよ。車を止めようか」と息子に訊きました。

すると息子は「いいの、止めなくて」と言います。

「だってあんなに一生懸命追いかけているよ」

迷った私が少しだけ窓を開けると、息子はやれやれという風に首を振りました。「あの人の言いたいことはわかってるんだよ」

ミラーで遠ざかっていく男性は、大声で怒鳴りながら親指を自分に向けて胸をばんばん叩いています。

「何をそんなに言いたいのかしら？」

「あの人はね、僕が学校で一番をとったら、ちゃんと自分にご祝儀を持ってこいって叫んでいるんだよ」

え〜〜〜と私はびっくりしました。

「あの家族持ちの四十オヤジが、十三歳のあんたに物をねだっているの？」

「だから止めなくていいって言ったじゃないか」

私はまさか仕事を持った立派な男性が、少年に向かって脅迫紛いの要求をするとは信じられませんでした。それも公の場所で、人の車を追いかけてまで。

「恥ずかしくないのかしら」と怒る私に、長男は言いました。「だって、義務があるからね」

「あんたがいったいあの親父に何の義務があるわけ？」

ばかだなぁという顔で息子は私を見ます。

「一番をとった人間にはそういう義務があるって、パパはいつも言ってるよ」

私はいつも、その習慣に慣れないのです。人の十倍も二十倍も努力・奮闘して結果を得た人間が、周囲の人々にご祝儀を配る――もらうのではなく、自分がお祝いを出すのです。それは自分に何かよいことが起こったときのアラブの慣例で、高校を卒業したときも、病気が治ったときも、子どもが生まれたときも、資格を取ったときなども同様です。自分の幸運に感謝して、周りの人にも幸福のお裾分けをするのです。

でも反対じゃないかしらと、私はちらりと思ってしまいます。それなら努力した人がかえって損をするように感じるのです。時間や労力を尽くし、骨身を削る努力をしてやっと結果を手に入れた人間が、そんなことは何もしないで寝て暮らしてる（かもしれない）人々に、いったいどんな義務があるというのでしょう。

また、病気が治ったときや子どもが生まれたときなどは、自分に与えられた幸運に心から感謝するのに、成績や資格や優勝などについてはあまりそう感じません。どちらかといえば、本人の努力で勝ち取ったような気がしてしまう。周到に準備して、注意深く計画を立て、たゆまぬ努力をした人間だから、当然の結果がやってくるという気がするのです。

それに恥ずかしい話ではありますが、小さなご祝儀ですむ場合はあまり気にならないのに、大きなご祝儀の場合は、「これほどまでに？」と驚いてしまいます。長男が高校を卒業した時は、牛を一頭屠《ほふ》り、肉を近所に配りました。袋に入った大量の肉を、生暖かいまま近所中・親戚中に配ったのは夫でした。長女が卒業した時は、高級チョコレートの大箱を大量に配りました。大量とは百何十という数で、私が箱の大きさや数に驚いて注文を躊躇していると、夫はそんな私の戸惑いを見越して、「きみは口を挟まないでくれ」と言いました。より大きな成果を得たものは、より大きく還元するという程度が私にはわからず、ただ驚いて金額ばかり気になってしまったのです*。

加えて、その習慣をいつも個人的に考える癖が、私にはあります。ご祝儀を配る相手を、結果に直接関わった人や、近しい親族に限定して考えるのです。学校の先生や応援してくれた友人ならともかく、あるいは病気や怪我から救ってくれた医者や看護師ならともかく、普段から行き来のない隣近所には配らなくたっていい、名前だけ知っている親族には必要ないだろう、ましてや話したこともない近所のレストランの親父に義務などない、と感じてしまうのです。

貧しい感覚

しかし、それらはすべて私の貧しい平等観に根ざしています。人間がみな平等に創られ、同じような能力を生まれながらに持っている、という前提がそこにはあります。誰もが同じスタート地点にいるとして、結果までの距離は均等で、努力した人間だけがそこへ着ける、という単純な方式が描かれています。世界を見渡したら、そんなのは安定した時代の安定した場所でしか得られない平面的な前提だとすぐわかるというのに。

また恩恵を受けた人間が、その結果に関わった人間を選定してご祝儀を配るという意識も、結局は労働に対する対価という意識でしかありません。その関係性は輪を描いていたり、矢印が反復していたり、結局は自分にまた戻ってくる可能性が残っています。

しかし、そこが違うと夫は明言します。神から受けた恩恵を還元するのは、「神→自分→人々」という純粋な一方通行の行為で、自分の義務を果たすこと（幸福を分けること）が重要であり、お裾分けの相手を選定する必要などないというのです。

こうしたアラブのご祝儀を出すとき、夫は絶対に私に任せず、ひとりで陣頭指揮を執ります。ご近所全体にくまなく配り、インタビューに来た新聞記者にも配り、遠い親戚にも届けて、祖父の家からもご祝儀を出せるようにまとめて配達します。この祝いの席に同席する全員を等しくもてなそうという心が夫にはあるのです。だからこそ、その範疇に入ろうとレストランの親父も手を振り回して応援を送り、ついでに自分に持って来いと直接的なお願いをしたのでしょう。

人間はそれぞれ違う

ＵＡＥの国教はイスラームで、ムスリムにとって世界を創造したのは万有の神アッラーです。アッラーは人間をまったく同じようには創りませんでした。外見も内面も、能力もチャンスも、運命も、それぞれの人間に少しずつ違うものを与えました。

＊　結局チョコレートの詰まった大箱を百五十個注文し、全体で五十万円ほど使った。

本人が知らないままに、ときには非常に幸運な運命もあれば、不幸な運命もあります。今は苦しいけれど後には長〜い安寧が続いているのかもしれないし、ほんの一週間後に天国から地獄に落ちるような辛《つら》い運命が定められているのかもしれません。世界の創造主である神の定めた運命に、個々の人間は否定や疑問をはさむことは出来ません。運命とは受け入れるだけ、さらに、その中で出来うる努力をするだけです。

現世でたまたまより多くの能力、より多くの幸運やチャンスを与えられた人間は、常に神に感謝し、分け与える心を持ち合わせなければなりません。感謝の心を忘れた人間には、神は突如として立場を入れ替えることが可能で、それはどんな場合にも起こりうるのです。神に感謝すること――それがムスリムが一番最初に習い覚えることとです。

私はこの国に長く住んで、「そんなバカな」とか、「それはあんまりじゃない」と感じるような経験をそれこそ山のように経て、世の中には平均や平等値というものがあまりないことを知りました。それは、目的から到達点までの距離を、同じ「ものさし」で測る人がいないからだし、そもそも万人の共有する「ものさし」がないからです。

しかし同時に、「自分だけは損をしないように」、「貧乏くじを引かないように」とか、「賢く生きて効率よく物事を進めるべき」で、「それを遮るものを極力排除していく」というような気持ちは薄らぎました。

より能力のある人間は、誰よりも近道を行く――と効率を第一とする先進国では考えられています。結果に向かって一番の近道を通って行きたいのは、誰にとっても当然ながら、アラブ社会では常に、「より能力のある人間は、むしろ長い道を歩く」のは仕方がないと考えられています。

それは、荷を背負うことができる人間だけに、神は荷を背負わせるからです。わずかでも他人と違う荷を負わされたことを不平等と嘆いたり、批判したりする姿勢はあまりありません。たぶん過酷な自然環境が、非常に確固たる運命論を裏付けてきたからでしょう。また、時間と労力が直接に生産性に結びつく工業生産国とは、歩んできた歴史も国の成り立ちも違うからでしょう。

神の前にすべての人間は平等で、一人ひとりの人生に役割が与えられている

平等な場所

では、人間は不平等観だけがある世界で生きていけるでしょうか。それはまず不可能です。しかしムスリムには、人間社会の不平等観を補う「神の前での平等」があります。

ひとりひとりのムスリムは神と直接につながっており、その間には誰も（宗教的指導者や聖職者など）、何ものも（宗教的組織・本山制度など）はさまれていません。神と本人だけの、直接の契約（自分はどのように生きるかという姿勢を神と約束する）で結ばれています。

個々のムスリムの両肩には生まれながらにして二つの天使が乗っており、右肩の天使はその人間が生まれてから死ぬまでの善行を書き留め、左肩の天使は悪行を書き留めています。神はこの記録に照合して、最後の審判の日にはチリひとつの間違いもなく、その人間が天国に行くか地獄に堕ちるかを判断します。つまりは、人間社会においてどこで不正に遭おうと、どれほどの不平等な環境に生まれ育とうと、その苦境の中でどのように現世を生きたかは神にすべて理解されるのです。天使たち*が忠実に記録した帳簿に照合して、誰（人間）が知らずとも与えられた苦境や、誰（人間）が知らずとも努力してきた道のりを、神にだけは正しく評価される——という平等観は、不完全な人間社会の不平等観を遥かに超越して、各人の心に平静を与えています。これがなければ、この苦しい不完全な世界を、時代を、生き抜くことはなかなか出来ないでしょう。

だから私は、次女のスペリング・ビーの会場には多くの教師がいたはずなのに、なぜ誰からも文句が出なかったか理解できます。そこにＵＡＥ教師が最初から一人も行かなかった理由も、何となくわかります。長女の成績が上がるには十一年生の終わりまで待たなければいけなかったことも、次女のクラスで有志からまったく違う額のお見舞いが集まったのも、夫が思いがけないほどの金額をご祝儀に使うのも、いろいろなことが理解できます。日本ではめったにお目にかからない、こうした理不尽とも思える、不平等な、不公平な現象も、やっぱり普通の日常のことなのだと考えることができます。

そして、自分の中に、そうした現象を受け入れ許容していく幅ができたことを、やっぱり神さまに感謝しているのでした。

（二〇一三年三月）

＊　神に忠実な存在。人間とはまったく違う存在で、自由意志を持たず、神の仕事だけを忠実にこなすために、光から創られたもの。自由意志を持たないから不正も持たない。

第四章

家族とわたし

1970年頃。２列目右端が夫。外国政府が学校を建て、教師たちを派遣し、その給与も払っていた時代

暑い盛りのラマダーン

真夏の車内の温度。こんなのは序の口、まだまだ上がる

ぎりぎりの暑さ

今日からラマダーンが始まりました。今年のラマダーンは一番暑い、また一番長い断食期間となるそうです。

初日の今日、断食は未明の四時十五分頃にあるファジェルのお祈りから始まりました。* 断食はマグレブと呼ばれる日暮れのお祈り時間まで続き、断食明けは夕方七時十五分頃でした。ということは、今年のＵＡＥの断食時間は約十五時間になります。世界中のイスラーム教徒が使うのは、ヒジュラ暦という太陰暦で、西暦とは毎年十一日ずつずれていきます（三十二年で一巡する）。私がＵＡＥに来た年は、ラマダーンは四月にありました。それが少しずつ早まって、二十三年過ぎた今年は七月です。七月はＵＡＥでは一番暑い、湿度も高い時期となります。
　昨日はＵＡＥでも記録的な暑さで、内陸都市アルアインの気温は五十・九度を記録しました。隣町ファラッジでは四十九・一度、ドバイは四十八度と新聞にありました。日陰に置かれた百葉箱の温度ですから、直接陽が当たる場所はもっと高いでしょう。裏庭にデイツの熟れ具合を調べに行ったら、たった二、三分なのに身体が溶けそうになりました。水道水は触れないほど熱く、昼間にシャワーを浴びようとしたら火傷します。室内にあるタンクで冷やした水を水道水にまぜなければ、とてもシャワーを浴びられません。＊＊
　一年のうち十カ月、夏のあいだは二十四時間使うせいで、我が家の冷房機は十年も使えばガタが来ています。ときどき、暑い盛りにシューンと音がして自動停止してしまいます。調べてみたら、「この冷房機の使用適温は四十度まで」と説明書きにありました。「なんだ、これでは用を成さない」と思っても、確かにこの暑さなら冷房機だって疲弊します。五十度を想定して生産するなんて、十年前にはなかったことなのでしょう。仕方なくしばらく止めて、別の部屋の冷房で凌《しの》ぎます。
　昨日は、夫の経営するプラスチック工場でも次々電気の問題が発生して、大変な一日でした。工

＊　イムサクという断食開始を知らせる時間が約十分前にある。しかしファジェルのお祈りまで食べていても断食を破ったことにはならない。
＊＊　室内は冷房がついているので、タンクの水は少しは冷えている。外の水道管を通ってくる水は、砂漠の灼熱で六十度くらいある。

場では八百度くらいに熱した機械で石油化学原料を溶かし、プラスチックシートを作って、さらに別の機械で熱を加え、型取りしていきます。七棟ある建物のうち、倉庫以外は大型の機械が所狭しと並んでいて、男性オペレーターたちが汗をだらだら流しながら働いています。作業ラインが最終工程に近くなると、工場内に小部屋を設けて、巨大なセントラル冷房で冷やしながら包装を終えます。だから工場内はものすごい電気量を消費しているのです。

そのうち三番目と四番目の機械が止まってしまいました。電力供給オーバーで自動停止したのか、機械の温度が高くなりすぎたのか、原因ははっきりわかりません。こんなことは初めてで、オペレーターたちも慌てていましたが、しばらくは機械を冷却するしかありません。冷却といっても、外気温だって五十度で、シートを冷やすためのチラー（冷却装置）から出てくる水でさえ、昨日は熱湯だったのでした。

今年は観測史上一番暑い夏になるだろうと、新聞でも言われていました。「そんなこと毎年言ってる」と思いながら、今までより暑い夏とはどんなふうだろうと想像ができません。毎年これでもか、というくらい暑いから。

昨年は長男の用事で七、八月を日本で過ごしたので、UAEの夏を忘れていました。日本は日本で暑くて熱中症になる人がたくさん出て、亡くなる人までいました。UAEに戻ってきて「日本も暑かったのよ～」と会うたび人に言いましたが、「どのくらい？」と訊かれて、「三十九度」と答えると、皆が皆じーっと黙ってから、「それだけ？」と言うのでした。

今日の献立

今日はラマダーン初日で、近所に何のご飯を配ろうかといろいろ考えました（アラブにはラマダーン中は食事を配りあう習慣がある）。初日はどの家も典型的なラマダーン料理を作るはずで、それなら、うちではそのメニューを外そうと思いました。

今年はうちの家族はたったの四人です。長男は留学中の日本、長女はインターンシップでスイス、次男はアブダビにある大学で夏期コース中で、家にいるのは私たち夫婦と子どもふたりだけ（メイドはクリスチャンだから好きな時間に食事を摂っている）。本当なら、ご近所三軒からもらう食事で十分で、さらに作る必要はありません。でも、もらうからにはこちらも配らなければなりません。配るなら同じ食事じゃつまらない。そこで冷蔵庫をごそごそ探して食材を確かめました。

冷蔵庫は数日前からパンパンに食べ物が詰まっていて、明日から戒厳令が出たって一週間は大丈夫なほどあります。ところがこの季節柄、新鮮な野菜がない。根野菜とかキャベツならあるのですが、葉ものやキュウリ、サヤエンドウやモヤシなんかは手に入りません。痛みやすい野菜は冷蔵庫に入れておいたって二日くらいで腐ってしまうから、出荷したばかりのものをその日に食するしかありません。しかし、今日はラマダーン初日でスーパーが異常なほど混雑しているので、買い物には出ませんでした。

野菜室から取り出した野菜を並べて、私はしばし考えます。料理するなら天ぷらが一番安全で

（味に失敗がないという意）、簡単でしょう。「よし、今日は天ぷらにしよう」と決めて、サツマイモ、ピーマン、ズッキーニ、カリフラワー、それに珍しく新鮮なのが手に入ったオクラを用意しました。マグレブから逆算して、夕方五時には切り揃え、六時から揚げ始めようと計画します。すると四十五分後には近所三軒とうちの分が出来上がって、七時前に配り終え、温かい天ぷらが夕食に間に合う、という計算になりました。

始めてしまえば私は天ぷらに掛かりっきりになるので、その間メイドにはスープとサラダを作らせました。しかし、そこで私は大きな計算違いをしていました。外気五十度の中を、冷房機を止めて（料理している間に冷房機を使うと、空気を吸う穴が油だらけになるから）、直径五十センチもある中華鍋をふたつ使って四軒分の天ぷらを揚げるとどうなるか。

天ぷらは一度始めたら、休むことなくひっくり返したり火加減を見たり、皿に揚げて油を切ったりしなければなりません。それを二つの中華鍋でやると、同じ作業時間で労働は倍となる。オクラなんて入れたらすぐに揚がっちゃうから、箸を休めるヒマもない。ガスレンジの両脇に新聞紙を敷き、油切りの網を乗せて、ふたつのボールから野菜をどんどん油に落としながら、早業で揚がった野菜を網の上に並べていきます。

やり始めたらトーキー映画のように、場面はどんどん早送りになっていきます。右の鍋にオクラを入れたら左の鍋にサツマイモ。オクラが揚がったらすぐさまズッキーニ。顔中から汗をだらだら流し、手首まで粉だらけにして、タオルを肩にかけ、汗で滑る箸をタオルで抑えながら左右の鍋と格闘している女性。これをマダムと思うはずはない。

隣家の新しいメイドは、さっそくキッチンに食事を届けに来て、恐ろしい形相で油まみれになっているTシャツ姿の女性を、まさか隣の家のマダムとは思わずに、ぐだぐだと話しかけてきます。「あんたさぁ、いつこの国に来たの？」、「給与はいくら？」、「あんたのマダムはいい人？」

大声でどやしつけると、私がマダムと知って仰天して出て行きました。この気温で冷房もなく、四十五分間ずっと天ぷらを揚げ続けるのは人間業ではない。それはそれは重労働でした。


七時に天ぷらを配ったメイドが戻り、だいたいの食事を作り終えると、私の着ているものはびっしょり濡れていました。髪を振ると油の匂いがぷーんとします。自分ながらゾッとして、「シャワーを浴びるから、テーブルに並べておいて」とメイドに言って、キッチンを飛び出します。

コンピュータに夢中になってマグレブが近づくのも気付かない子どもたちに、「ちゃんと夕暮れのアザーン（お祈りを呼びかける声）を聴きなさいよ」と言って、シャワー室に入ります。夕方七時になれば、水道水でもまぁ火傷をしない温度に下がっています。

急いでシャワーから出て、マグレブ前に食卓に着くと、アザーンが聞こえてきました。五時から重労働したので汗が止まらず、シャワーの熱い水でさらに止まらず、食べてエネルギーを採るせいでまた止まらず、せっかくシャワーを浴びたのに、ようやく冷房で汗が引いたのは夜も八時過ぎでした。

ラマダーンの習慣

昨日、断食明けの食事として近所二軒から送られてきたのは、なんとレストランのご飯でした。わざわざ料理を注文して、それを自分の家の耐熱皿に入れ替えて、十軒以上のご近所に配っているのです。そんな必要ないのに、と思いながらも受け取りました。

それにしても最近はこうしたケースが少なくない。私の家がある一画は、一九九〇年代半ばに石油収入の恩恵として、連邦政府が地元民に分配した住宅地です。こうした集合住宅は、当時の法律では、結婚して職のあるUAE男性だけが登録する権利がありました。二階建て家屋なので、子どもが三人以上いないともらう権利がありません（子どもの数が少ない家庭は平屋の家をもらう）。登録から分配までの四年間で、我が家には子どもが三人生まれたので、もらうことができました。ということは、一九九〇年代前半に子どもが三人以上いた家庭が、この近所一帯に住んでいることになります。

それから二十年近く経てば、子どもたちは育ちあがり、大学生や働く歳になっています。すると大人も同じくらい歳を経ています。この灼熱で、冷房のないキッチンで大量に食事を作るには、少々体力が足りないかもしれない。ラマダーンで五日も経つと、ちょっと休みたくなって、レストランから料理を注文して近所に配ったのかもしれません。

近所からくる料理はそれぞれ独特の味付けになっているとしても、毎日ブリヤーニやマチブース、ハリース、ファリードばかりでは飽きてしまいます。これが一カ月も続けば大変です。そういえば、近所の人たちが我が家を訪ねてくるたびに、「うちの息子はあんたの家のご飯を楽しみにしている」、「うちの娘はあんたの皿を必ず目の前に置いている」などと言われることがあります。唐辛子が入ってないとか、甘みをつけた肉が珍しいとか理由はありますが、どうやら、同じ食事に飽きた人がどの家庭にもいるらしい。私はタッヌール（炭火で調理するための穴）を持っていないし、アラビック・スパイスを使いこなして長時間炊き込んだ料理を作れやしないから、最初からそんなメニューは立てません。そこで毎日料理本を開いて、冷蔵庫の食材で作れるものを探すわけです。

ポテトサラダに思う

一昨日はポテトサラダをつくりました。ポテトサラダなんかチョロイと思っていたら、日本の料理本はやたらと写真がたくさんあって、細かい指示が多いのには驚きました。

例えば、ポテトと人参は皮のまま水から煮ると書いてあります。この辺で売っているポテトなんて、長さが十五センチ、三百グラム以上はありますから、煮るには時間がかかります。煮終わったら熱いうちに皮を剝《む》き、均一の大きさに切って、自分でマヨネーズをつくって混ぜるとあります。市販のマヨネーズではベタベタになるからだそうです。

マヨネーズをつくる材料は、卵黄に酢を三分の一だけ混ぜ、油の半量を入れて、泡だて器ですばやく混ぜながら、さらに油を足していく。「もったり」してきたら、酢の残量を入れ、さらに早くかき混ぜる、と写真にキャプションがあるけれど、誰が五十度の灼熱で冷房もなく手で混ぜるもんか、とハンドミキサーを出しました。

ボールに入れた材料は量が少なくて、底にくっついています。日本の料理本はとにかく量が少ない。ここはアラブの田舎町で、ひとりで住んでいる独身者や出稼ぎ男性（女性も）はいません。皆が大家族で住んでいて、成人した子どもや孫がイフタール（断食明けの夕食）を食べに来るから、三十人くらい集まります。店で売っているボールも鍋も、耐熱皿もオーブンも、何もかもが大きいために、日本の料理本の量とは噛み合いません。マヨネーズの材料は底にこびりついて、ミキサーで混ぜるほどのこともない。仕方なく量を三倍に増やしました。

あれこれと材料を調えたり、計算している間にポテトは煮えてきました。煮えたものからメイドに剝かせて、私はマヨネーズと格闘します。ところが、結婚前ろくに料理を習わなかった私は、説明がよくわからない。「もったりとしてくるところに」とか、「固くなる直前に」とか言われたって、何がどうなれば「もったり」なのか、固くなってみなきゃ「その直前」がわかるわけないと考えたりします。そこへ次女が手伝いに来て、おもしろいコメントを出します。

「日本の本って、たかが料理なのにこーんなにインストラクションがあるの。アラブの本なんて、全部で三行くらいしかないのにねぇ！」

確かにアラブの料理本は、いったい何をどうしたらいいかまったくわからないほど指示がないのです。材料も「粉はコップにすくって一杯、砂糖はスプーン三杯」というまったく理解しがたいものばかりです。薄力粉なのか強力粉なのか、どれくらい大きなコップでどんなスプーンなのか、何の説明もない。これでまともな料理が出来るかと絶句しますが、実はわからないのは私ひとりだったりします。なぜなら、どの家もコップといえば、アルムライという会社が売るクリームチーズのガラス瓶を呼びます。今ではさまざまなサイズのコップが市販されていますが、UAEで一九七〇年代、八〇年代に育った世代には、ガラスコップなんてそれしか存在しなかったのです。もちろん軽量スプーンなどという洒落たものはありません。だいたい、家では手で食べるからスプーンなんてないのです。粉は一番と二番の違いしかなくて、一番は膨らし粉入りで、アラビックパンを作るときに使用します。二番の粉は膨らまず、チャパティのようなインド風パンを作るときに使用します。

「一、卵三個と粉をコップ一杯よく混ぜて、二、油と砂糖を足して、三、平たい皿に入れ、四、オーブンでちょうどいい頃まで焼く」という指示で、いったいどんなケーキができるのか。分量も温度も時間も指示がないということは、つまり、もともと料理ができる人を対象にしていて、「これとあれを混ぜて焼く」という少ない指導のもとに勘を働かせて完成できる人だけが、読む本なのかもしれない。

それを言うなら、日本の料理本も同じだなと考えます。懇切丁寧な写真と説明に従ったというのに、私のつくるマヨネーズはまるで似ても似つかない代物となりました。だいたい油が卵黄とちゃんと混ざらなくて、透明なままなのです。ふーーむ、料理本とはどの国でも慣れて勘の鋭い人だけがわかる構成になっているにちがいない。勘があれば語学力だって必要ないかもしれません。この料理本を手にしたUAE人なら、直前だろうがもったりだろうがいちいち書いてあることを読みもせず、適当に混ぜて適当に仕上げて終わりです。こんな暑い中で、そんなに長いインストラクションを読んでいたら、もうやりたくなくなって、料理はマグレブ前に完成しないかもしれません。

たかがポテトサラダというのに、煮始めてから二時間もかかりました。イモと人参の皮をむき、丁寧に同じサイズに切って、熱いうちにマヨネーズらしき液体とあえて、水をよく切ったキュウリを入れ、ザクロの実をむいて混ぜ、ゆで卵を乗せて完成。それをみた次女が、「たかがサラダで立派すぎる!」と評価しました。こんなに立派に作ったとしても、UAE人は食事を食べるのはものすごく早く、一瞬にして腹の中なのです。それは、電気のない時代に、腐らないよう作ったらすぐ食べる習慣があったからでしょうし、ナツメヤシでつくった隙間だらけの小屋で蠅と競争しながら食べていた生活の名残りでしょう。とにかく飲み込むように食べてしまいます。だから、本当ならそんなに上等に作らなくてもいいのです。水っぽくならないよう皮から煮るなんて面倒はいらない。市販のマヨネーズでベタベタしていたって構わない。簡単に作れれば、ポテトサラダなんて十分でできるはずです。切って、煮て、マヨネーズで混ぜるだけなんだから。それを日本の料理本はおいしさを追求して、手をかけ時間をかけて、大したグルメを作るのです。

私はこのたびポテトサラダを作りながら、さまざまなことを考えました。

ＵＡＥ人がこの灼熱の気候で何千年と生きるあいだ、賢く生きる方法として学んだことは、「突き詰めない」ことだったのではないだろうか。暑さと共存しながら、体力も知力も気力も最後までは絞らない。絞りきって上等な結果を出しても、過酷な気候がその見返りを十分にもたらすとは限らないのです。おいしさを突き詰めて何時間もかけて作った料理が、暑さで腐ってしまったら元も子もありません。健康を害するくらい頑張ったところで、味わって食べる習慣もないのです。適当な労力でそこそこの味を作り、すばやく食べて身体を休めるほうがずっと賢い。この気候に処する忍耐に比べたら、大したグルメは必要とされていないのです。

世界は広い

そういえば以前、長女が大学生活を始めたときスーダン人の友だちができて、びっくりする話を聞かせてくれました。スーダン人のナハラと同じアラビア語を話しているのに、全然かみ合わない会話があるというのです。「今日の十時にカフェテリアで待ち合わせね」と娘がいうと、必ずナハラは「今晩ね」と返事します。娘が「朝の十時だよ」と言うと、「わかった、今晩の十時でしょ」と返事をする。ナハラはちゃんと午前に来るし、聞き間違いかと思って、しばらくは放っておきました。

ところが試験の時間を確かめる時期になって、午前と午後をはっきりしてくれとナハラに言ったことがありました。するとナハラに説明され、スーダンには「今日」というアラビア語がなく、「今晩」だけを使うのだと知りました。

「今日っていう言葉がないんだよ。そんな国があると思う？」と訊かれて、返事に窮しました。

しかし夫はこう言います。

「スーダンは灼熱に加えてひどい湿気なんだ。UAEの七月の気候が一年中続いているような国だ。だから、何事も行動を起こそうとしたら夕方からなんだろうね」

このUAEの七月の気候が一年中続く国。五十度の暑さに加え、九十パーセントくらいある湿気。何をしようとも暑さで気が挫かれ、とにかく健康に長生きしようとしたら、上手に怠惰に生活するしかない。そんな国が世の中にはあって、そこにも同じように人間が住んでいます。私たちが美徳とする勤勉や時間厳守や効率というものが、簡単には通用しない世界があるのです。

スーダン人は怠惰で有名で、あらゆることに時間と労力を極力かけずに生きる姿勢が、同じアラブ世界の中でも代名詞になっています。でも、それはナハラのせいでしょうか、彼女固有の性格か、家庭環境か、それともそうした気候を擁する国民の生きる知恵なのでしょうか。彼女がUAEに来てやらないこと、しようとしない努力、あらゆることにルーズな原因を突き詰め、怠惰と決め付ける確かな理由と根拠が、果たして気候の違うUAEで育った人間にあるのでしょうか。

しかし、ナハラは厳しい大学で優秀な成績を収めています。上手にクラスを選択し、アラブ系の教授が教える楽なクラスを取り、*時間的にも無理のない単位のとり方をしています。それはナハラが自分をよく知った上で、賢い選択をしていると言えるのではないでしょうか。

そこで私は日本に留学している息子のことを考えます。息子はとある教科で合格点が取れないために、大学で留年が続いています。特定の教科をパスしないと、息子の通う国立大学では絶対に進級できないシステムになっているのです。そこには確かに、息子の怠惰な生活や、突き詰めて努力をしない姿勢が反映しています。それは私も否定しません。しかし、外国からきた留学生がみな、受験を超えてきた日本人（あるいはさらに過酷な受験を経た中国や韓国の留学生）と同じ合格ラインを、すべての教科で超えることができるのかどうか。私がろくにアラビア語を話せないのと同じように、ひとつやふたつ、どうしても合格ラインに達しない教科があっても不思議ではない気がします。

気力や体力を突き詰めて努力する日本人は、本当に偉い民族です。世界でもこんなに真面目で勤勉で優秀な民族は珍しいし、それに対して相応な見返りがある社会は稀です。それを培ってきたのは、日本の温暖な気候に違いありません。しかし、世界がみな同じだとは限らない。同じどころか、厳しい環境から身を守るために、さまざまな民族がさまざまに生きる知恵を育んできました。日本

＊　欧米系の教授は一律に厳しい合格点を設けている場合が多い。アラブ系教授は学生それぞれの国情に合わせて、ある程度の温情がある。

人がおいしいポテトサラダを追求し、時間をかけて準備し堪能する間に、簡単につくったポテトサラダを一瞬で食べ終えて寝入る民族がいるのです。

このラマダーンでたかが二時間の料理をするのにも、私には大変な体力と努力が必要です。朝は十時近くに起き、家から一歩も外出しないで（庭にも駐車場にも出ない）、午後にはまた横になって料理に備えます。家の中は冷房があっても暑くてしょうがないし、*気をつけないと室内でも熱中症になりかけます。出るものがないので、一日中トイレに行く必要もありません。唇は乾いて割れ、肌は白く粉っぽくなり、舌が乾いて口蓋にへばりつきます。午後には頭痛がひどくなり、断食明けの食事を食べたらすぐに元気になるかと言えば、そんなことはなく、栄養が身体に行き渡り頭痛が治まるまでは、さらに二時間くらいかかります。どんなに欲しいものがあっても、夜のタラウィーハのお祈りが終わる十時半までは外出しないし、遠出もしません。

この日常生活を聞いたら、人は誰でも私を怠惰な人間と思うでしょう。しかし、私は自分の体力を知り、無難な道を選んでこんな生活をしています。温暖な環境の国に住む人間が、厳しい環境の国から来た人間の一部の行動を見て、評価や判断を下すのは無理があると思います。ひとりの人間を「総合的に判断する」というのは常に難しい。それには、総合的に判断するための広い知識が必要で、同時に、許容する側の人間の大きさと寛容さが不可欠です。日本の大学関係者が、息子をただの落第生と判断するかどうか、それはポテトサラダのおいしさだけを追求する人間かどうかの違いなのだと、サラダを食べながら考えていました。

物乞いラッシュ

ラマダーン中に増えるのは「物乞い」です。この時期は、毎年ザカート（義務である喜捨）を出す時期に重なり、人々はよくサダカ（義務でない任意の喜捨）もします。クルアーンで奨励されているとおりに、人々は貧しい人に頻繁に喜捨をするのです。それを狙って、いろいろな人がその月だけはいきなり物乞いに豹変したり、旅行者を装って国境を越えてきたりします。

ＵＡＥ人は湾岸諸国のなかでも比較的温厚な性格と言われています。また、社会福祉が国民に行き渡り、極端に貧しい人はおらず、贅沢さえしなければ誰でも普通に生きていくことができます。一方、世界一の石油埋蔵量があると言われるサウジでは、まだ貧困層のサウジ国民がたくさんいるし、幼年結婚で娘を売るような親もいます。バハレーンやカタールはＵＡＥと同様にお金持ちですが、いかんせん国が小さく人口が少ない。オマーンは首都を少しでも外れると、大方の庶民はつましい生活をしています。早くから発展したクウェートの人は湾岸諸国の中でも気性が激しいと言われ、物乞いも攻撃されないように注意しなければなりません。そこで物乞いが一番来やすくお金が得やすいＵＡＥに集まることになるのです。ラマダーンには海外からわざわざやってきて精を出す

＊　全部の冷房機を最低気温に設定しても屋内はせいぜい三十度に下がるだけ。真夏になると夜の気温も四十度を下がらない。

〝インターナショナル物乞い〟もいます。彼らとって、この月に十分喜捨が稼げれば、飛行機賃なんてすぐに元が取れるのです。

UAEではそうした犯罪的な物乞いを取り締まるために、七、八年前から警察に防犯センターを設立して、通報を呼びかけました。国の威信をかけて福利厚生を手厚く国民に与えているのに、事情を知らない旅行者などが物乞いの姿を見て、「この国は貧しい人間を放ったらかして、金持ちだけがいい気でいる」と外国のジャーナルなどに平気で載せてしまいます。海外から物乞いにやってきた「短期出稼ぎ労働者」に他ならないのに、旅行者にはUAE国民との区別がわからず、単純に見たことを調査もせずにそのまま書いてしまうのです。最近は防犯センターのおかげで随分と人数は減りましたが、それ以前はまったく野放し状態でした。

物乞いの知恵

こうした物乞いは単純に貧しい人だと思ったら大間違いです。地元の社会事情に精通していて、どこにターゲットとなる人間が住んで、どの時間帯にどう物乞いをすればいいか、ちゃんと絞り込んであり、その知識にはまったく驚かされます。

たとえば、ウンムアルクエインの私の家は、連邦政府が地元民に与えた集合住宅です。売り買いの権利は与えられないので、そこに住んでいるのは確実に地元民となります。その三百戸を、一軒一軒訪ねてくる物乞いが後を絶たないのです。それも必ず集合住宅の小さい番号から回ってきます。

番号が大きくなればなるほど生粋の地元民は減り、移民の子孫が混ざってくるので、喜捨の額は減るか、まったくもらえなくなります。そのため、我が家には毎日何組もの物乞いがやってきました。

物乞いは決まってアバーヤと黒いシェーラを着ています。それを着ている限り、警察に簡単に尋問されないことをよく知っているのです。* 玄関のベルを執拗に鳴らし、メイドが出て行くと、用件を言わないまま「マダムに用がある」と言います。大抵は料理をしている最中で、Tシャツにパンツ姿で私が玄関に出ると、「あんたじゃない。この家のマダムを出して来い」と横柄な口調で言います。「私がマダムだ」と英語で言うと、不審そうな顔で見て「それなら貧しい人間に喜捨をしろ」といばります。彼女らの来る時間帯は決まっていて、イフタールの一、二時間前、マダムが昼寝をしていない時間（そして家の主人が昼寝をしている時間）です。こんな暑い昼日中に外を歩いている人間は物乞いと決まっていて、彼女らは道ですれ違うときに相手をすぐに見定めて情報交換します。「この家はくれる。あっちの家はダメ」などなど。

「物乞いには決してお金をあげるな。警察を呼ぶと伝えろ」と夫には厳しく言われているので、私はお金を出しません。出せば後から何度も戻ってくるし、あまりにたくさん来るのでキリがないのです。夫は毎年義務の喜捨をきちんと払っているし、私たちだって十年くらい前までは喜捨を出す側の人間ではありませんでした。** 警察という言葉を出すと、彼女らは決まって毒舌を吐いて、次の

＊　地元女性はほぼ全員アバーヤとシェーラをつけているので、外見だけでは物乞いと断定できない。

家に行きます。「喜捨は義務なんだから、あげない人間は地獄に落ちる」だの、「金持ちのくせに貧しい人間を救わないのは犯罪だ」だの好き勝手なことを言います。

夫は、「どんなＵＡＥ国民にも必ず福利厚生が行き渡っているから、決して物乞いはしない。物乞いは外国人だけなんだ。外国人なら、その人の国が福祉を補償すべきで、ＵＡＥの責任じゃない。お金をあげると海外からの物乞い人口が増えて、問題がたくさん起きるのだ」と労働省の人間らしい言い方をします。

さまざまな物乞い

私たちがドバイのアパートに住んでいた五年間、物乞いは一度も来ませんでした。アパートには管理人がいるし、住んでいるのがムスリムとは限らないので、効率が悪いのでしょう。非ムスリムや外国人は決してお金を出さないから、外国人用のアパートやコンパウンドには、物乞いは最初から行きません。

アブダビの一軒家に移った二年間は、手紙やパンフレットを手に一軒一軒訪ねてくる団体職員を装う物乞いがいました。彼女らはほぼ全員がエジプトかシリアあたりの人間で、ちゃんとした服を着て、籠の中には恵まれない地域の母子や孤児たちの写真が載ったパンフレットを一枚だけ入れています。それをドア口で見せて、「あなたのお恵みは神に祝福される」と言いつつ、喜捨を促します。

私がパンフレットを受け取りドアを閉めようとすると、真剣な目で「それはあげられないのです。一枚しかないから」と言います。それならコピーすると言うと、青くなって「コピーはできません」と取り上げてしまいます。足が付くのを極端に恐れているのでしょう。一見すると普通の主婦にしか見えないので、警察も簡単には尋問できません。そのエリアは高級住宅地だったために、どの家にも門番がいて、怪しい姿では中に入れてくれないと知っています。「貧しいから自分に喜捨してくれ」という人はおらず、必ず、海外の貧しい人々にあげるという名目でお金を集めにくるのでした。

またアブダビの町では、カフェに座るローカル男性に、貧しい姿の少年がお金をねだる光景を何度も見ました。カフェには他の客も座っているのに、ローカル男性が占めるテーブルだけに寄っていってお金をねだります。外国客にねだったら追い出されるか、ギャルソンを呼ばれると知っています。貧しい少年はほとんどアラブ系外国人で、家族を呼び寄せるだけの財力がある家庭出身の***はずなのに、サダカを狙って平気で物乞いをします。このように、ラマダーン中は都会のあらゆる場所で、物乞いのチャンスを狙う人がいるのでした。

** ニサーブという財産の最低基準があり、それ以下の所有者は喜捨を出さなくていい。
*** 給与が低い家庭では、家族を本国から呼び寄せられない。

コミュニティの中で

ウンムアルクエインに越してきた十五年前からは、もっと面白いものをみました。

ある時、銀行に行き、女性用ベンチで順番を待っていました。そこにアバーヤとシェーラ、金色のブルガ（顔をおおうマスク）をつけた老婆が杖をついてやってきて、足が痛いのか、ベンチに足を投げだして座りました。すると、いつもは横柄なシリア人チーフが飛んできて、老婆の手を両手で包み、大層なおべっかを使ってもてなしました。老婆はポケットから無造作に大金の札束を取り出して、チーフに渡しました。

チーフが仕事部屋に飛んでいくと、老婆はすぐ隣にいた私にアラビア語で訊きました。

「あんたは誰の所属だい？（あんたは誰の妻かという意）」

夫の名前を聞くと、口の中でその父の名、祖父の名と辿っていって、「ならAの息子だね」とちゃんと言い当てました。老婆は青い目をしていました。

チーフが待合室の全員を差し置いて老婆の用事を済ませると、老婆は「あんたの夫によろしく言って」と立ち上がり、ドアを手で押さえて立っているチーフをうんと待たせてから、出て行きました。私は「この老婆はいったい誰だろう」と思っていました。

家に戻り、さっそく夫に訊きました。名前を知らないので、年恰好と青い目と、チーフの様子と厚い札束と、夫の家族を知っている話しぶりを伝えると、「それなら、ガイヤ婆さんだ」と言って夫は笑い出しました。

「彼女は誰だかわかるかい」

「知らないわ。どこかの大金持ちのマダムでしょ」と言うと、夫はさらに笑って、

「信じないかもしれないけどね、彼女は物乞いだよ。それも大金持ちのプロフェッショナルな物乞いだ」

「えぇ〜〜、だってすごい札束を持っていたわよ。きれいな青い目をして、白い肌と服も高級そうだった」

「もうリタイヤしただろうね。確かに彼女はきれいな人だった。三十年くらいみてないけど。そうか、健在だったか」と笑い続けました。

「彼女は貧乏で困っていると訴えながら、毎日近所を歩いていたもんさ。あの当時、村落には金持ちなんか一人もいなかったんだけれど、それでも毎日誰れ彼れの家に来ては、小銭をもらっていた。たぶんイランからの移民だろうね。きれいな青い目をしている」

「それが何年も続いた後、ウンムアルクエインで初めてロールスロイスを買ったのが彼女だったというわけさ。村中これ以上ない驚きようで、ロールスロイスに乗って砂地を走る彼女を、口をポカンと開けて見送ったんだ。みんな、カンカンに怒っていたな」

カンカンどころか、エジプトやイエメンだったら袋叩きに遭うだろうと思いながら、不思議な気持ちで聞きました。なにしろ、夫の口調はガイヤ婆さんをちっとも嫌ったり見下したりしていないのです。まるで隣のお婆ちゃんの話をするように、朗らかで懐かしそうでした。

また別のお爺さんは、ラマダーン中は毎日歩いて物乞いにやってきます。皺だらけの汚いカンドゥーラを着て、よれよれのガトラ（湾岸アラブ男性が頭にかぶる白い三角形の布）を頭に巻き、片目が白内障で見えなくて牛乳瓶の底のようなメガネをかけています。男性だから勝手に家の中には入ってこないで、門の脇に物も言わず立っています。両手で肘を抱え長いこと立ったままで、家の人間がそちらを見ると、右手だけはずして「おもらい」の格好をするのでした。私やメイドがちらと見てそのまま家に入ってしまうと、まだしばらく立っていて、ようやく次の家に行きます。毎日来るからこちらも相手の様子がわかってきて、「そろそろ来る時間だ」とか「今日は立っている時間が短かった」とか、何となく頭の隅で考えるようになりました。お爺さんは他の物乞い女性と違って、ほぼ毎日やってきます。そして、我が家からは何ももらえないと知っているのに、毎日五分間くらい立っています。

ラマダーンやイードのたびに、お爺さんは近所の家からもらい続け、何年も経ちました。

ある時、うちの息子が一本奥まった道を歩いていると、そのお爺さんがやってきて、路上に止まっていた車に乗り込んだのだそうです。その時、運転席の男性が、「お父さん、今日の按配はどうだった」と尋ねているのを聞きました。車はランドローバーの一番値の張る高級車だったそうで、息子は飛んで戻ってきました。

「あの人、実は大金持ちなんじゃない。目の手術をする金がないなんて嘘ついて、車を売ればすぐ手術できるだろ！」

お爺さんは、うちの息子が見つけるくらいですから、高級車を乗り回す金持ちだと近所のみんながわかっています。けれども、毎日お仕事のように物乞いにくる爺さんに、それと知りつつ近所の人たちは小銭をあげます。「あんたはすでに金持ちだろ。もういらないじゃないか」と言って追い出す人は誰もいない。二階の窓から見ていると、隣も向かいもはす向かいの家も、知り合いの物乞いを平気で家の中に入れ、もてなしています。時には牛乳瓶の底メガネのお爺さんにも、外で水やコーヒーを出しています。近所のお婆さんたちは何でもわかっていながら、それでも物乞いに喜捨する精神があるのです。

深い寛容

そうした物乞いはここ数年でさすがに姿を消しました。もうリタイヤしたのでしょう。その後は、つまらないケチな物乞いばかりです。ワルガアナッブ（葡萄の葉で米を巻いた副菜）が十個入った皿を売りつけに来て、「貧しい人間への喜捨と思って百ディラハムで買え」とか、「アルアインから来たけど帰りのタクシー代がなくなったんで金をくれ」とベルを鳴らす人ばかりです。私たちのコミュニティの人間ではないから、もう誰もお金をあげません。

自分のなけなしの小銭を毎日もらい続けて金持ちになった物乞いを、それでもコミュニティの一員だと受け入れる心理はどういうもんだろうか、と卑小な私は考えます。自分たちがまだ貧しいまま、ロールスロイスに乗る彼女をそれでもコミュニティから追い出すわけでもない。ランドローバーで息子が迎えに来る老人に、コーヒーを出し小銭や米袋をあげ続ける。こうした物乞いは、帰る先も行く先もないまま（移民としてUAEに流れて来たから）、自分たちのコミュニティを彩る一員だと受け入れているのでしょうか。どれほど貧しくても物乞いだけはしないローカルからしたら、やはり、物乞いをするほど生活も精神も苦しいのだとサダカの対象になる相手なのでしょうか。

人間を、持っている金銭だけで評価しないそうした人々の不思議な心理を、寛容の奥深さを思いながら、料理だけにあたふたしている私のラマダーンは過ぎていきます。

（二〇一三年八月）

キリの箱

アラビア湾の真珠採りは、地獄に行くほど過酷で、同時に誇り高い仕事だった

怪我をする

長い夏休みの終わりに庭の片づけをするよう次男に頼んだら、指を怪我してしまいました。倉庫の土台として使ったブロックが数個、駐車場に無造作に転がしてあるので、隅に寄せるよう頼んだのです。ブロックはひとつが二十キロもあって、重くて女の力では動かせません。鶏ガラのように痩せたうちのメイドと、私とで力を合わせても一センチも動かせないので、怪我をするよりマシと夏から放ってありました。ちょうどその日、倉庫の棚を取り付けにきたバングラディッシュの従業員二人に指示して、次男に現場監督をやれと伝えたはずなのに、次男は自分も手を出して、ブロックと壁の間に指を挟みました。

真っ青な顔をした次男が家に入ってくると、左手の中指がつぶれて、どす黒く腫れあがっています。慌てて近くのクリニックに連れて行きました。

看護師はとりあえず洗浄して包帯を巻いてくれました。骨に異常がないかレントゲンで調べるよう医者に言われて、すぐにウンムアルクエインの中央病院に駆けつけました。エマージェンシーを知らせる赤いランプのついた玄関に入り、レントゲンを撮ってもらうと、異常なしとわかってほっとしました。

赤いランプの玄関は、私が何度も駆けつけた場所です。五人の子どもが小さいときは、切れた、打った、落ちた、滑ったなどの理由で、それこそ猛スピードで救急に飛び込んだことが何度もありました。ここ数年はほとんど夫の父のために、赤いランプを目指して運転してきました。その義父が亡くなったのは六月初めです。いまわの命を預ける場所でなくなったランプは、なんだか他人行儀でくすんで見えました。

私と義父

義父の調子が悪くなったのは、もう二十年くらい前のことです。ある日、友人と立ち話していたら急に苦しみ出し、食べ物を吐き出して病院に運ばれたというので、夫が駆けつけると心臓発作でした。それからは定期的に医者に通い、薬を常用し、そこそこ健康にやってきました。がっくり状態が悪くなったのは、膝を痛めて歩けなくなってからです。十年ほど前から歩行器を使って歩き始め、数年前にはもう家の中をいざるだけになっていました。

七十七歳という年齢をUAEではどう捉えるのか。日本の明治時代と同じで、激動の時代を生きてきた人々は身体を極限まで酷使しているから、平和な時代の七十歳とは比較になりません。

義父は十代半ばから真珠採りとして海に潜っていました。ろくに産業のなかったこの地域では、十五世紀頃から天然真珠産業だけが唯一の地元民の生業でした。しかし真珠採りは過酷な仕事で、健康と潜水技量に恵まれた屈強な若者だけに許された、辛い、また誇り高い仕事でもありました。

肺活量があって潜る体力のある人間は真珠採りになり、それほど潜水技術を持たない人はロープで引き上げる相方となり、その他、船の中には、キャプテン、コック、エンタテイナーなどが乗っていました。船は一度沖に出たら三、四カ月も陸には戻らず、船に積んだ真水や米やデーツがなくなるまで採取を続けました。

一九三〇年代、日本の養殖真珠の発展と、世界大恐慌、世界大戦に煽られて、アラブの天然真珠市場は壊滅しましたが、それは仲介業者のついた大きな船がなくなっただけで、三〇年代以降も地方の小さい船はまだ海に出ていました。以後、原油輸出の始まる一九六〇年代を経て、七つの首長国が統合しUAEが建国されるまで、トルーシャル地方の人間は極貧をなめ、義父の世代はそれこそあればどんな仕事でもやっていました。

夫が生まれた六〇年代の前半、義父は船に乗ってアラビア湾に出て、行方不明になりました。船上でキャプテンと大喧嘩して袂《たもと》を分かち、海に飛び込んだのだそうです。

丸二日間海に浮かんでいて、カタール船に救助されたときは半死の状態でした。カタールに運ばれ、長いこと生死の間を行き来して、やっと自分の名前や出自を話せるようになったのは二カ月後でした。船の誰もが義父は死んだかと心配していて、数カ月後にそれらしき人物がカタールにいると知らせが来たときは、町中で狂喜したそうです。その話は有名な語り草になっています。夏なら表面は風呂のように熱いアラビア湾の海でも、沖の水温は体温よりもずっと低いはずです。サメがたくさんいるし、何人も命をとられています。いきなり飛び込んだということは、浮き輪も持たず摑む物のない海上で浮いていたはずで、水も食べ物もなくどうやって二日間も生き延びたのか。その運の強さは信じがたいほどです。義父は若い頃から勇猛果敢で、潜水を五分近くもできる有名な真珠採りでした。

ある日、病院で夫が父親を車椅子に乗せて歩いていたら、見知らぬ人が寄ってきて言いました。

「あの剛猛なカルファンが車椅子に乗るのか！　あんたは海賊が襲ってきたときに、長剣を振りかざす海賊を後ろから羽交い締めにして倒したカルファンじゃないか」

義父の武勇伝は数え切れずあり、それを覚えている潜水夫友だちはたくさんいました。自分の身体が思うように動かなくなることは、義父にとって身を切られるほど苦しかったでしょう。昔の友だちに会うたびに車椅子を恥ずかしがって、外出を極端に嫌うようになりました。

五月半ば、義父は軽い風邪を引き、咳が止まらないので医者に連れて行きました。エマージェンシーの赤いランプを通り、急患が入る大部屋に寝かされると、それでも義父は咳の合間に軽口を連発していました。

太ったインド人の看護師の後姿に、

「歩くというよりは回転してる。どうりで床がよく磨いてあるはずだ」

マイクでだみ声の医者の指示が流れると、

「おい、誰か間違えてヤギの足を踏んだかい?」

あんな軽い咳だけで、もう家に帰ることがなくなるとは思ってもいませんでした。薬をもらえばすぐ直ると誰もが思い、義父の軽い冗談に声を出して笑っていました。

入院

義父は個室に入らずに、看護師室とガラスを隔てただけの大部屋に入院しました。夫にはどうしてもはずせない海外出張があったので、夜に付き添う人がいないから、個室では心配だったのです。大部屋にはカーテンで仕切られたベッドが四つあり、義父の様子が少しでも変われば、看護師が気付く位置にありました。

義父は二度結婚して、最初の妻から息子(私の夫)、二番目の妻から娘(義理の妹)をもうけています。夫の母とはとうに離婚して、二番目の妻（ここでは奥さんと呼ぶ）や妹と住んでいました。

奥さんは朝八時から病院に行き、昼にいったん帰り、また午後遅くまで付き添います。しかし、妹はまったく父親の世話をしませんでした。ひとり娘を異常にかわいがり、汚れ仕事をやらせずに教育した奥さんのせいで、妹は何ひとつ実質的な家事仕事ができないのです。

ある日、奥さんがあまりに疲れたと連発するので、私は「妹に手伝わせたら」と提案しました。すると、奥さんは怒って私に口を利かなくなりました。

夫が海外出張の間、私はいつも奥さんが家に帰った頃を見計らって見舞いに行きました。それは、私が「義理の父親をこう世話したい」というやり方が、奥さんの基準に合わないからでした（奥さんは非常に保守的な考えの持ち主である）。

たとえば、義父の腕が毛布から出ていたら、私は中に入れたいと思います。でも、奥さんの前では義父の腕に触れることは出来ません。男性が頭頂に被るガフィーヤという小さな網み帽子があるのですが、お洒落な義父は入院中も必ずガフィーヤを被っていました。その帽子がずれると、私は手を貸してまっすぐに直してあげたい。でも義母がいたら出来ません。

体力のない義父は、自力で病院食を食べることは出来ません。消化能力も落ちているので、私は小皿に牛乳をいれ、蜂蜜をたらし、食パンを漬けてから義父の口に運びます。ほんのわずかに開けた口へスプーンを入れるのは難しいので、私はアラブ流に指先でつまんで口に入れます。咳が止まらないと、義父の胸を静かにさすります。腕や足が冷えていると、乾布摩擦をしてこすります。しかし、こうしたことは奥さんがいたら絶対にできないのです。奥さんにとっては、嫁といえども血のつながらない女性が義父に触れることは許せないのでしょう（看護師は仕事だから別）。

完全看護の病院で、年老いた父親に自分が出来ることはわずかです。人の目を気にしていたら何もできないまま終わってしまいます。付き添い中、いかに義父と言えども私とは二人きりにはならないので、カーテンは開けたままでした。ということは、義父に気軽に触れる私の姿は誰にでも見えています。でも私は気にしませんでした。ただし、余計な噂を立てる必要もないので、なるだけ見舞い客がいない夜を選んで付き添いました。

疑い

ある夜、いつものように私が夜九時過ぎに見舞いに行くと、病院の受付が中に入れてくれませんでした。

「あんたは毎日夜に来る。どうしてだ？　今は見舞いの時間じゃないから入れない」

シリア人の受付係は入り口を塞ぎました。

「夜に付き添うように頼まれたから、私はこの時間に来ているのよ。昼には付き添う人がいるけれど、夜は誰もいないから、わざわざこの時間に来るの」と言っても、

「規則違反だ。あんたは毎日夜だけ来て怪しい。何をしているんだ」と中に入れません。見舞い客がUAE人だったらそんな言い方は絶対しないくせに、独りで歩く外国人の私なら、いくらでも咎

めだてできるのでしょう。

押し問答の末、頭にきてもう帰ろうかと思ったら、すぐ横の床を拭いていたバングラディッシュの掃除夫が小さな声で言いました。

「この人は、毎晩ハズバンドのお父さんを見舞いに来ているんだ。悪いことなんか何もしていない」

私は、（社会的な身分が違うので）一度も話したこともない、そばにいても気づかないくらいの掃除夫が、いったいどこで自分を見ていたのかと驚きました。

その晩から、シリア人は苦虫を噛み潰したような嫌な顔で私を見ても、入り口を塞ぐことは止めました。


結婚している二十余年間、家族性の強いアラブ社会で「これが嫁と舅の関係かしら」思うほど、私と義父とのコミュニケーションはありませんでした。というより、最初の十五年は義父の家族との付き合いが存在しなかったと言ってもいいくらいです。彼らが私の家に連絡をしてくることはなかったし、一年に数度私たちが訪ねても、いつも五分くらいで慌しい客のように帰っていました。しかし、私は深く考えませんでした。夫は、幼少のときに離婚した父親にも母親にも育てられなかったので、父母とどんな距離を保っているのか、よくわからなかったからです。

たとえば、三日間続いた私たちの結婚の祝いに、義父は単なるお客として訪ねてきました。本来なら、男性家族は男性客を歓待するホストとして待機しているものですが、なぜか、義父の代わりに隣家の親戚が父親役を務めていました。

初めて義父の家を訪ねたのは、結婚後一週間もしてからです。お茶も水も出さないまま黙って座っている奥さんに反して、義父は結構満足そうな顔をしていました（奥さんは純粋な湾岸アラブ部族出身以外は認めない、頑固で偏狭な考えの持ち主だった）。

帰り際、義父は両手で何か小さいものを抱えるようにして、私のことを指差しました。あとで夫に訊くと、「結婚祝いにヤギの赤ん坊をくれるってさ」と言ったので、私は笑いが止まりませんでした。それから夫は嬉しそうに、「僕を近くに呼んで、美人だねって言った」と加えました。奥さんに聞こえないように言ったのでしょう。義父は茶目っ気のある人でした。

長男が生まれたとき祝いの言葉も品ももらいませんでしたが、義父は嬉しそうに、「あぁよかった。名前を継いでくれる人ができた*」と夫に言ったそうです。

義父の優しさ

義父が私たちの家に遊びに来たのは、後にも先にも一度きりで、ドバイのアパートに住んでいた二十年前のことでした。元気な頃の義父には決まった散歩の時間があって、昔の集落近くの海岸線

* 男の子は父の名、祖父の名と続く一家の名前を自分の子孫に継がせていくから。

いたようです。

をゆっくり車で走るのがお気に入りでした。父親に会いたくなると、夫はいつも海岸通りを探して

ある日、海岸で父親に会って、ドバイの家に連れてくることになりました。

「いま、お父さんを連れて行くから、果物を出してもてなして」と興奮した夫が電話をかけてきました。私は言われた通りに果物を山盛りに盛って、居間のテーブルに置きました。

父親が来ると、夫は楽しそうに話しながら「果物をむけ」と目で合図してきました。しかし、結婚したばかりの私は、戸惑って果物に手を伸ばすことができませんでした。

日本ではお客の前で手や皿を汚しながら果物をむく習慣はありません。反対に、こうした灼熱の砂漠の国では、目の前で切って新鮮さを証明するのが習慣でした。それを頭では知りながら、私は義父の前で果物を切ることを躊躇していました。そのため山盛りに盛られた果物は、私たち三人の前でいつまでも飾られたままでした。

しばらくして、義父は困っている私に微笑むと、自分で気軽に剝き始めました。剝くたびポンと口に放り込み、食べ終えたら手を洗いに立っていきました。怒るでも軽蔑するでもなく、義父はいつも私にはニコニコ笑っている人でした。そういえば、義父は生前、一度も私に嫌な印象を残しませんでした。

あらゆる冷遇

結婚してから十五年も過ぎて、私を猛烈に毛嫌いしていた奥さんが初めて歩み寄ってきたのは、義父のために薬を病院から持ってくる人間が、私しかいないからでした。夫は常に忙しいし、薬の処方だけでも午前中いっぱいかかってしまうので、自然に私の仕事になったのです。主婦をしている五十歳代の奥さんがなぜ自分で病院に行かないのか、また三十歳代の立派な社会人である妹がなぜ行かないのか、私はまったく理解できないまま、それでも薬が切れれば困るのは義父なので黙って病院に通いました。

ウンムアルクエインの中央病院は一九七〇年代に造られたオンボロで、各診察室が中央に長く配置され、左の廊下は男性用、右の廊下は女性用の待合所があります。受付は遠く離れた別棟にあって、そこで義父の診察券を出してから、長い廊下を歩き、男性用の待合所の一番端に私は座るのでした。そうしないと、義父の名前が呼ばれたとき、反対側にある女性待合所には聞こえないのでした。奥さんにしてみたら、自分が男性待合所で待つなんてとんでもないことだったでしょう。私にしたって肩身が狭いのですが、しかたありませんでした。

処方箋を出す期間が最長二週間と決められていた二年前まで、私はそれこそ足掛け十年間も隔週ごとに病院に通ったことになります。その後、症状の変わらない患者には三カ月分の薬が出ることになり、それからは三カ月ごとに通うようになりました。

病院に長く勤める職員は、ほとんどが私のことを知っていました。ニホンから来た嫁で、歩けない義父のためにいつも薬を取りに来て、男性待合所の隅で名前が呼ばれるまで、じっと本を読んでいることを。あまりに長く待つと、立ち上がって「処方箋を書いてもらうだけだから」と看護師に頼み、先に医者に会わせてもらうことも。

ある日、あまり長らく待つので、医者に先に会わせてくれないかと頼んだら、来たばかりのパレスチナ人の看護師に大声で言われました。

「この病院はエマラティ（UAE人）のための病院だから、外国人は診ないのよ。あんたはインドネシア人？　タイ人？　エマラティじゃないなら私立病院に行きなさいよ」

敵意をむき出しにした看護師に、

「私にじゃなく、UAE人の義父のための薬ですよ」と言っても聞こえません。かえって看護師は声を上げて、「中国人かしら？　聞こえないの？　あんたの父親ならダメってことよ」

私は周りの人間が見つめる中、黙って外に出て、外気四十度もある中庭を横切り、長いこと歩いて病院の管理棟に行きました。そこには保険大臣だった親戚と、病院長である夫の学友が働いています。私は彼らに一度として頼ったことはなかったけれど*、さすがに腹が立って訴えました。

「あの看護師は私を異人呼ばわりして、この病院では診てもらえないと言いました。義父のために薬を取りに来たのに。UAEの病院は、どんな国籍の患者だって受け付けるのを知らないんですか。今日の内科はあの看護師の部屋だけで、他の医者には頼めませんから仕方なくここに来ました。どうにか薬を処方して下さい」

親戚と病院長は激怒して、婦長を呼んで、うんとあの看護師を叱らせました。いい気味です。でもアラブの常識では他人の前で人を叱ることはしないから（人の前で恥をかかせるのは一番いけないこと）、彼女は婦長室で怒られただけです。人前で異人だの出て行けだのと罵倒されたのは、私の方でした。嫌な気持ちになったけれど、他の誰を恨んでもしょうがないし、私は黙っていました。こんな人間は世界のどこにでもいるのです。

しかしその時から、患者のファイルを運ぶスリランカ人のボーイが、義父のファイルをいつも一番上にして、「処方箋だけだから」と医者に進言し、私を先に行かせてくれるようになりました。

＊　普通はそういうポジションとのつながりを見せて、何でも早く処理してもらえる。

誰の仕事か

病院が陰湿で暗い職場なのは、どの国も同じです。義父は心臓が悪く血液凝固が起きやすいので、血液をサラサラにするワルファリンという薬を飲んでいました。しかし、それも三カ月ごとに血液検査をして摂取量を調節しないといけません。それをサボると医者はいつも私に怒りました。

「もう四カ月近く血液検査をしてないじゃないか。これじゃ薬は処方できない」

私はただ義父の奥さんに、「明日、〇時に薬を取りに行ってくれ」と頼まれるだけなのですが、医者は目の前にいる私に怒ります。

血液検査の書類を持って検査室に行き、今度はエジプト人の室長に「検査技師をひとり派遣してください」とお願いしました。真珠採りだった義父の身体は頑丈で、奥さんや私の力では車に乗せられません。検査技師を義父の家に連れて来て、血液を採取してもらうしかないのです。

室長は夫と保険大臣の関係を知っていますから、すぐに技師を見つけてくれます。それも私が車で往復することを考えて、女性の技師を選んでくれます。室長がいないときは、チーフの意地悪ババァが、私にたっぷり五分は大声で文句を言うのが慣習となっていました。

「こんなに忙しい時間に、派遣なんて無理だってわからないの」

「なんで朝の八時に来ないのよ。この時間は患者がたくさんいるから、空いてる手はないの。明日出直してちょうだい」

「あんたはいつも勝手な時間に来るじゃないの。予約を入れてお願いするとか出来ないの」

技師派遣なんて規則外だから、予約制ではありません。毎日試験管と向き合うだけの仕事をしているチーフにはめったに威を振りかざす機会がないせいか、私を見つけるとここぞとばかり文句を言うのでした。総勢十人はいる検査技師たちは毎度ながら迷惑そうな、あるいは哀れんだような顔をしながら、何も言わず働き続けます。エジプト人チーフは文句を言っても絶対に技師を出してくれないので、私はすぐに「明日また出直します」と退散しました。翌日は八時に病院に行き、文句を言わせずに検査技師を連れて行くにしても、衆目の中で怒られるのは通過儀礼になっていました。

検査技師が男性だと、最初のうち奥さんはそれを非常に嫌がりました。私が見知らぬ男性と車に乗って（そんなことは本当はアラブではあり得ない）、自分の家に来るのが恥ずかしくてしょうがないのです。私だって嫌ですが、義父の命（と医者からのお叱り）を考えれば好き嫌いを言う余裕はありません。私は奥さんに事前に電話をかけ、「今日は男性技師しか来られないそうです。男性と行きますからね」と伝えておきます。すると奥さんは、義父だけ居間に座らせておき、自分は最初から最後まで部屋から出てきません。処方薬を居間に置き、義父の血液を採った技師を病院まで連れ帰って、私の仕事は終わります。検査の結果が出た頃、奥さんは病院へ電話をかけ、医師に薬の摂取量を尋ねるのでした。

海に行こう

こういうことが続くと、ときに私は何もかもが腹立たしくなって、病院の帰りによく海岸線へ寄り道しました。自分ひとりが貧乏くじを引いている気がして、どうにもバカらしくなるのです。

「奥さんが昨日のうちに予約を知らせてくれたなら、私は最初から意地悪ババァが断れないように、早起きして八時に検査室に行くのに」

「医者が前回の処方箋のついでに血液検査の書類をくれるなら、私は前もって奥さんに伝えて、予約時間を早くしてもらえるのに」

「奥さんや妹は、家にいるだけで誰にも嫌がらせを受けない。こちらは人に怒られて、頭を下げて無理なお願いをしなければならず、やればやったで男性と車に乗る嫁だと文句を言われる。こんなバカな話があるもんか」

「誰も彼もが私に文句を言う。私が外国人だから、嫁だから、みんな平気なのだ」

そうした感情は私の心をむやみに荒らしました。

海岸線の高台に車を止め、窓を閉めて大音響で音楽を聴きながら、長いこと水平線を見つめました。私は船旅が好きで、二十代の頃、何カ月間も船に乗って世界をまわりました。スエズ運河もパナマ運河も船で越えました。大自然は人間の思惑なんか構わずに、常に寛容です。自分はこんな些事に悩まされる人間ではなかった、つまらんことは大海原の波に放り込んですぐに忘れてしまえる人間だったと思っても、腹立たしさは容易にはひきません。

ため息をつきながら、私は掌の中にある切り札を弄《もてあそ》びました。

私には強大な切り札があって、本当ならそれを使えばどんな荷だってタチドコロに降ろせるのでした。その切り札には「出来ないと言えばいい」と書いてあります。

「検査室が技師を派遣しないと言ったから、連れて来られない」

「男性と車に乗りたくないから、派遣してもらわない」

「医者に病状を訊かれても答えられないから、奥さんが自分の運転手と一緒に病院へ行けばいい」

何より「外国人だから、病院事情がよく呑み込めない」とでも主張すれば、あっという間に私はいっさいの荷を降ろせるのです。

実際に、このアラブ社会では誰も私を強制できる立場にありません。奥さんと成人した娘がいるのだから、外国人の嫁が率先して世話する必要はありません（義父の身体に触れたり会話できないから）。元来、男性待合所では女性は待つべきではないし、誰も私に見知らぬ男性とふたりで車に乗ることを強制できるはずはなく（かえって犯罪行為になる）、技師の派遣はもともと病院では規則外です。田舎の病院はアラビア語でコミュニケーションしていて、私では病状や処方など大事な部分は通じません。「私には出来ない」とひとこと言えば、簡単に荷は降ろせるのです。

しかし——。掌を握ったり開いたりしながら私は考えました。

この切り札はたくさんの重要なパイプをも断ち切ります。夫が父親に尽くそうとする気持ちも、幼少から叶わなかった父親との交流を、今必死に取り戻そうとしている気持ちも（私の中では常に予測不可能な値で、自分を育てなかった父と、息子を父親から遠ざけてきた奥さんと、一番先に遠くへ行ってしまった身勝手な母親との間で、夫がどんな感情を持っているのかはよくわからなかった）、時間がない自分に代わって私が雑事を引き受けていることへの夫の感謝も、子どもたちが頻繁に祖父に会う機会も、せっかく歩み寄ってきた奥さんの態度も——。何よりも、私以外の誰かが病院に行くために、今の二倍も三倍も手間や段取りが必要になり、それは直接に義父の命に関わることは目に見えていました。だから、切り札といったって、実際には使う場所も機会もない空手形なのでした。

でも、ときに私は、この切り札の重みを確かめないではいられなくなりました。

私が受けるつまらない偏見や侮辱や嫌がらせより、この切り札は、確かに、遥かに、重たい――。命と闘う義父から延びる線は、過去の亀裂を補って余りあるチャンス（歩み寄り）を、今それぞれの家族に運んでいます。この札がそのパイプを全部つなげ、支えているのです。それを私は掌中に握っていて、切り札を出す出さないの選択は私の胸ひとつで決められます。その自負、使命感、あるいは諦念《ていねん》ともいえる感情は、どうにか私を励まし続けました。出した瞬間にチリより価値がなくなり、幸福をざっくり断ち切ってしまう札であることがわかっているからこそ、それを握り続ける自分の良心や勇気を、私は確認する必要があるのでした。

静観

義父の症状が目に見えてどんどん悪くなっていく最後の五日間、私は「いろんなことを超越していよう」と考えました。過去の記憶やこれからも起きるだろう煩わしさを、すべて超越して（というより深く考えないで）、淡々と行動しようと決めていました。

寝たきりの義父は意識があるときが少なくなり、呼吸は浅く、頭に大きな酸素マスクを嵌《は》められていました。マスクを止めるゴムがあまりにきついので、頰や鼻に大きな青あざが出来て、義父をいっそう苦しそうに見せていました。私たちはゴムを緩めてくれと何度も看護師に頼みましたが、看護師は「こうしないと酸素がまったくいかないのだ」と緩めませんでした。そんな義父の姿をみることは、血のつながった者にとってはすごく辛かったはずです。私も夫も、もう子どもたちを見舞いには連れて行きませんでした。

　そんなある晩、いつも自信に溢れ、背を伸ばして歩いている夫が、病院から戻ると何も言わず毛布をかぶって横になりました。眠っていないのは明らかで、時折、苦しそうに息を吐いています。夫は神に与えられた闘いを決して放棄しない、呆れるほどに我慢強い人間だけれど、自分がその闘いに敗れつつあるのを感じるのでしょう。奥さんも妹も奥さんの高齢の母親もうちの子どもたちも、みんなが夫がいつものように何とかして祖父を救い、家に戻してくれるだろうと信じていました。でも毛布の中の夫は、父親を奪われそうになっている小さな子どもと同じに脅えていました。

　その縮こまった身体を、毛布の上から長いこと私はさすっていました。


　まだ仮免許だった十七歳の次男は、大学に戻る前の最後の週末に、クリーニング屋に行ってくると嘘をついて、私の車を無断借用し病院に見舞いに行きました。そうしないともう誰も祖父の病院には連れて行ってくれなかったからです。

　苦しそうに呼吸を続ける祖父を前に、医者を呼んできて、どうにかしてくれ、何とかしろと訴えたそうです。どうにもできないと答える医者に、温和な性格の次男はドアを塞いで頼みました。

　その後、あんな精神状態でどうやって病院から車を運転してきたのか。大学寮に行くバスの時間ぎりぎりに戻ってきた次男は、青ざめていました。

「どこへ行ってたの」と尋ねる私に、

「何も訊かないで。僕は、今は何も答えられないんだから」と怒った顔で言い、バスに乗りこみました。

家中が、義父の命が尽きようとしていることに慄《おのの》いて寡黙になっていました。口をきかない夫や私のそばで、三男と次女はただ黙々と学年末試験の勉強をしていました。

それから数日して、義父は逝きました。義父が亡くなったとき、夫はベッド際で号泣していたので、父と息子の愛情は見かけではわからないほど強かったのだと思いました。悲しみに沈む夫と奥さんの横で、私は病院との交渉（死亡書類の記入、埋葬準備）、行政への死亡届など、あらゆる雑事を進めなければなりませんでした。

死亡届にはパスポートが必要です。すでに未明近くになった夜の道を、義父の家に取りに行くと、家は主人を喪ってがらんとしていました。もともと家具もほとんどない家*でしたが、長い入院のあいだに義父の寝床は上げられていました。

パスポートは引き出しの中だと言われたので、寝床の枕元にあたる場所の引き出しを開けてみました。しかし、引き出しはどれも空っぽです。最下段にキリの箱がひとつあるだけでした。

ＫＩＲＩとはクリームチーズの名称で、一口大のチーズが銀紙に包まれて、ハガキ程の大きさの青い紙箱に入って売られています。生前、その空き箱に義父は小銭をしまっていたのでした。いかにも貧乏くさく見えるので、子どもたちが代わる代わる「これを使って」と新しい財布や小銭入れを差し出すのですが、義父はどれも気に入らずに、キリの紙箱を使い続けました。どうせ一歩も外に出ないのだからと、その後は誰も文句を言わず、好きなものを使わせておきました。

がらんどうの家の中で、義父の残したものが小さなキリの箱だけだったのかと思うと、私はそのシンプルで鮮やかな人生に驚かずにはいられませんでした。

義父はまさしく砂漠の民でした。多くを持とうとせず、あとには何も残さず、亡くなった瞬間に砂漠の砂に吸い込まれていくような、そんな人生でした。

病院まで戻る道すがら、私にはどうにも、義父のからだはすでに砂塵に紛れて病院なんかにはないんじゃないかと思えてなりませんでした。亡くなった瞬間に痕跡を残さないなんて、本当に出来るものかしら。実際にパスポートを探して近くの戸棚を開けてみましたが、空のハンガーが揺れているだけで、引き出しにはキリの箱しかありませんでした。

義父は、電気も水道もない時代に、日々の糧を得ながら毎日を海の上で生き、火打石と水袋だけを持って砂漠を渡り、詩を暗誦し、神に祈る人生を送りました。

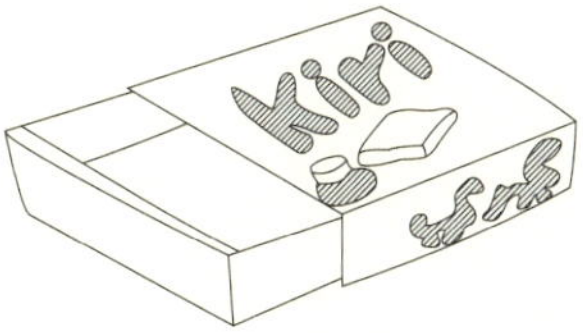

＊ 砂漠の民は物質的な財産を多く持とうとはしない。

美しい思い出

そうそう、義父はたったひとつの美しい置き土産を、私に残してくれました。

入院したばかりの頃、咳の原因を突き止めるために、胸部のレントゲン検査へ行ったときのことです。大部屋からベッドに乗ったままで、義父は長い廊下を運ばれてきました。夫はそばに付き添って歩いていました。私は邪魔にならないように、廊下のベンチに座っていました。

ベッドが私の近くを通るとき、夫は父親に訊きました。

「お父さん、あそこに座っている人、誰だか知っている？」

長い闘病生活で、義父はひとり息子である夫の顔もときどき思い出せないようでした。夫のことがわからないなら、私を知らないのは当然です。義父は私をちらりと見て通り過ぎ、小さな声で言いました。

「よーく見る顔なんだけどね、どうも名前が思い出せない。誰だったかな」

しかし、遠ざかりながらも義父は私をちゃんと指差して言いました。

「あれはとっても優しい人だぞ」

夫はそのことを伝えにわざわざレントゲン室から出てきました。そして嬉しそうに私に耳打ちすると、また戻っていきました。

使用中を示すレントゲンの赤ランプが、夜景写真のごとく右や左にぼんやりと尾を引いています。

義父の中に最後に残った私についてのわずかな記憶が、そんな印象だったとは。

コミュニケーションがなかったから、義父が私をどのように見ているのか、私はまったく知りませんでした。しかし、義父は何も誇張せず、何にも媚びず、思ったことを最小限の言葉で言う人でしたから、それはまったく額面どおりに、私と夫への美しい置き土産となりました。

砂漠の民は印象をとても大切にします。どれだけ多くを持っていても、印象が悪ければ信用されず、反対に貧乏のどん底にいる人でも、貧相な影がなければ大事にされます。移動する民族にとって、人間の持つ印象は物質的なものを遥かに超えて大事な財産です。

義父の残したものは、いつでも捨てられるようなキリの箱と、鮮やかな生の印象でした。このように人生を送ることは簡単なようで誰にも真似ができないと思うと、義父の人生は、苦しかった時代も含めて、神から与えられた恩寵なのだという気がしました。「真似のできない人生を生きた」という記憶は、いま夫や子どもたちをなぐさめ、さらに、なんとも言えずに私たちを幸福な気持ちにさせているのでした。

（二〇一三年十月）

義父は勇猛果敢な真珠採りだった

エピローグ

東京が二〇二〇年のオリンピックの開催地に選ばれ、国民が狂喜していたのと同じ頃、二〇二〇年の世界万国博覧会の開催地にドバイが選ばれました。中東・アフリカ地域から選ばれた初めての開催地で、中東にとって画期的な大ニュースとなりました。

開催が決定した翌日は、ドバイ首長（UAE首相で副大統領）のひと声で、UAE全土が祝日となりました。この喜びを全国民で祝って欲しいと、大ニュースの直後に発表されたのです。その日は十一月末で、ちょうど学年末試験が予定されていたから、学校当局としてはびっくりです。試験期間を一日延ばすか、一日で二科目分の試験をやるかなど、急な対応に追われました。しかし、国民の約九割が外国人であるUAEで、等しく全国民に祝ってもらおうとする首長の姿勢に、私はなるほどと感心しました。外国人は国に帰属しない異物であるという考えを捨て、

砂に埋まった車を出す家族。常に家族で助けあわないと、砂からも出られない

皆を等しく今のＵＡＥの発展を支える人間として遇するように変わってきたのです。

一九九〇年代までのＵＡＥは、労働人口の大半が外国人で、彼らの目的は働いて外国にいる家族を養うことでした。そのため娯楽というものが存在せず、レストランもショッピングモールもなく、インターナショナルの学校もなく、保険治療を受けられる病院も歯医者もありませんでした。お金を落とす場所がないのだから、当然、労働者はわずかな食費を除いてすべての給与を外国に送金していました。つまり、石油収入の多くが国内で消費されずに、国外へ出ていくシステムになっていたのです。そのため国内の経済はいつまでも発展せず、国は豊かになりませんでした。

自国民だけ保護し大事にしていても、国が発展しないまま石油収入はいつか終わる。国には経済発展を支えられるほどの人口はいないし、出生率が高くたって追いつかない。人口がいなければめざす発展を支えられない。それならば外国人労働者を誘致して、気持ちよく生きられる環境を整えていった方が国益につながると、ＵＡＥは考えました。

一九七一年に建国し、やっと国の大まかなインフラストラクチャーが整ったばかりの新興国は、そこで舵の方向を変えました。出稼ぎ労働者だけでなく、家庭を持ち地域に根付いた労働人口を増やすためにはどうすればいいかを模索し始めたのです。外国人と自国民の差を減らすこと、職業によって車を所有できない規則などを廃止し、家族をＵＡＥに呼び寄せられる最低賃金をぐっと引き下げ、外国人の給与にはビザや住居や車を含む家族手当と子弟の教育費までも上乗せし、新たに、高度な専門知識を持った労働者を誘致し始めたのです。

そのおかげで九〇年代の後半からは、ショッピングモールが雨後の筍のようにできて、五つ星ホテルやレストランが増え、ホテル内には酒場やディスコさえつくられて、さまざまな宗教・宗派の施設（教会など）の認可がおり、私立学校がたくさんできました。そして今やＵＡＥは、世界二百カ国の国籍の人間が共存する、人口九百万人の国となったのです。

人口の九割が外国人であることを、外国人に占拠された国のように感じてはいけません。ここは意識を変えて、外国人さえも憧れる国、異国の異宗教の人間でさえ、働いて家庭を育み安住したい場所、中東の夢の都市《パラダイス》になったと考えるべきなのです。

その証拠に、二〇一五年度の世界幸福度ランキングでは、五十三位の日本をはるかに抜いて、二十八位になりました。ずっと先に発展していたサウジやクウェートも抜いて、中東地域では最も高いランクです。幸福度ランキングとは、その国に住む人間が、どれだけ自分を幸福と感じているかを示す指数です。[*]つまり、ＵＡＥは中東地域の中で現在最も治安が良く、安定した政治状態の国であると同時に、安心して子どもを育てられる理想的な住居地となっているのです。

危険地域となってしまった自国を出て、せめて子どもが大きくなるまではＵＡＥで働こうと考えるアラブ人はたくさんいます。その中には、自国に回復の兆しがないと、家と土地を購入して居を

＊　一人当たりの国内総生産（ＧＤＰ）、健康寿命、教育、雇用、メディアへのアクセス、汚職が多いかなどあらゆることを対象として、毎年ギャラップ世論調査が百六十カ国を対象に行っている調査。

構える人たちも出てきました。いらぬ迫害を避けるため、イスラームを国教としながら欧米の教育が受けられるＵＡＥに敢えて移住する欧米人ムスリムもいます。極東アジア（日本や韓国や中国）ではハラール食材が手に入らないからと職場をＵＡＥに変えたアジア人ムスリムもいます。

以前は、長い休暇になると必ず故郷に帰っていた外国人は、近頃では、ＵＡＥを拠点にして外国旅行に出るようになりました。生まれてこのかた一度も故郷（自分の国籍がある国）を見ないまま成人する外国人子弟もたくさんいます。そうした子どもたちはＵＡＥを第二の故郷と考え、第一の故郷は夢の中でしか行けない国のまま、第二の故郷に根を下ろそうとしています。国籍にこだわらず、将来は自分の能力を頼りに働く場所を選ぼうとする、大変な努力家たちです。そうして成長した人のうちには、戻る場所がないまま第二の故郷で亡くなり埋められる人もいます。それほど、現代の世界は多様化しているのです。

多様化は混乱を招くと考えるのは間違いです。多様化を理解し、国策に取り入れ、先手先手を打って対応していくことは、現代社会を乗り切る世界の大切なヒントです。多様性を国の原動力に変えてきたＵＡＥから、その力強さと柔軟性を学ぶことは、少子高齢化と人口減少を抱える日本にもきっと新たな道を示唆してくれるでしょう。

二〇一三年に最初の著作『アラブからこんにちは』を上梓してから、はや三年経ちました。その間にＵＡＥは成長し、同じように私の五人の子どもたちも大きく成長しました。この本に出てくる頃の子どもたちはまだ小さくて、手がかかって、私を瀕死のロバのように疲れさせていましたが、今では三人が大学を卒業し、二人が家から何百キロも離れた町で楽しく大学生活を送っています。私が独力で創り上げてきた日本UAE文化センターは、九年目を迎え、参加者がますます増えて、年間で三百人以上が集う文化交流拠点となりつつあります。

かつてはどん底の借金国だったブラジルでオリンピックが開催され、中東の小国が万国博覧会の開催権をとったくらいですから、これからの世界はますます多様化と面白味を深めていくことでしょう。

いまだイスラームに興味が沸かない日本人に向けて、エッセイ本の出版を再びお誘い下さった国書刊行会の佐藤今朝夫社長には、心からの感謝を申し上げます。また、返事の遅い私の尻を焚き付け続けて下さった編集担当の中川原徹氏、編集協力の萩尾行孝氏にも御礼を申し上げます。

このエッセイに出てくるさまざまな出来事の間に、私を常に支えてくれた夫ユーセフと、伸びやかに育ち私を魔法のような体験にたくさん連れ出してくれた子どもたちに、感謝と共にこの本を捧げます。

二〇一六年十一月

ハムダなおこ

著者紹介
ハムダなおこ
日本UAE文化センター代表、エッセイスト。
1989年早稲田大学文学部文芸科卒。
1990年、UAE男性と国際結婚し、UAEに移住。3男2女をもうける。
2005～09年、アラブ・イスラームの生活について勉強会を主宰。その後、日本人に向けて講演、エッセイなどでUAE社会を紹介し続ける。
2008年、日本UAE文化センターを創設。日本文化をUAE地域社会に、UAE文化を日本社会に伝える活動を続けている。
著書『アラブからこんにちは』(国書刊行会、2013)、『アラブからのメッセージ』(潮出版社、2015)
翻訳書に『シャヒード100の命』(インパクト出版会)
2012年、第8回「文芸思潮」エッセイ賞受賞。
2015年、第3回「潮」アジア・太平洋ノンフィクション賞受賞。

ようこそアラブへ　ISBN978-4-336-06101-0

2016年12月15日　初版第1刷発行

著　者　ハムダなおこ
発行者　佐藤今朝夫

〒174-0056 東京都板橋区志村1-13-15
発行所　株式会社　国書刊行会
電話 03 (5970) 7421　FAX 03 (5970) 7427
http://www.kokusho.co.jp
装幀　真志田桐子

落丁本・乱丁本はお取替えいたします。印刷製本 三松堂株式会社